SAMBOA BAR

Established 1918

バー「サンボア」の百年

新谷尚人
SHINTANI NAOTO

白水社

バー「サンボア」の百年

装幀　芦澤泰偉

亡き師、鍵澤時宗に捧ぐ

目次

プロローグ　7

一　サンボア創業

サンボアというバー　9／ルーツを訪ねて　10／サンボア創業　19／日本のバーの草分けと日本のゴルフの黎明　39／創業者・岡西繁一《しげいち》　43／鍵澤正男と堂島サンボア　52／中川護録《ごろく》と京都サンボア　58／北浜サンボアの岡西繁一と鍵澤正男　65／北浜でのこと　72／泉常吉《つねきち》の功績　78／中之島、そして堂島へ　81

二　戦後の再出発

終戦、そして戦後　90／南サンボア誕生　98／関西バー協会　104／北サンボアの大竹司郎　112／祇園の「おかあはん」　120／島之内という新天地　128／曾根崎サンボア、そして梅田サンボア　134／幻のサンボア　奥田俊一　140／鍵澤時宗との出会い　145

三　サンボアのＤＮＡ

鍵澤時宗の死　159／京都サンボアの中川英一《ひでかず》と長男・宏　164／木屋町サンボアの中川清志と長男・涼介　168／南サンボアの思い出　172／ニューヨークとロンドン　180／北新地サンボア、銀座、そして浅草　186／鍵澤正の死　190／数寄屋橋サンボアと津田敦史　194／天神橋サンボアと田仲一彦　197／中川立美の急逝　201／鍵澤秀都《ひでと》と大竹順平　208

エピローグ　216

サンボア主要人物一覧　222
サンボア年表　227
サンボア系図　*vi*
サンボア各店案内　*i*

プロローグ

「ええこと、教えたろか」

故・村尾栄氏が話しかけてきた。まだ私が大阪・梅田にあるサンボア・ザ・ヒルトンプラザ店に勤めていたときのことである。その当時、村尾氏は七十歳は軽く越していたであろう。戦後シベリアに抑留されていたと聞く。ゼネコン大手の竹中工務店の設計部に勤務し、その後独立してご自身の設計事務所を営んでおられた。南サンボアもサンボア・ザ・ヒルトンプラザ店も、設計は村尾氏の手によるものだ。

「バーとゆうもんはやな、板が一枚あって、その向こうに酒を並べる棚があってな、その間に『人格』があったらええんや。ほかには何にも飾りは要らんのや。見てみ、時さんみたいな人格がそこにあるだけでバーなんや。お前にはまだまだ早いな」

時さんとは私が師と仰ぐ、鍵澤時宗のことである。堂島サンボアの創業者・鍵澤正男の弟だ。こう語る村尾氏は、酒の勢いが加わり、メガネの奥の小さな目で、時さんとサンボアを慈しむように語る。穏やかな語り口だが、時さんの人格の後位に、ご自身の設計という仕事を位置づけることを、いとも簡単に言ってのけている。その村尾氏の言うところの人格がカウンター越しに対峙するのも、もうひとつの人格である。

自分の技術を高らかに喧伝し、居並ぶ酒瓶で挑みかかるようなバーテンダーと、自慢話やいかに自分が一流であるかを声高に語り、自分自身に酔いしれるお客さまとは、次元を異にする空気がそこには流れていた。何か「茶の湯」に通ずるところがあるように思われる。一服の茶に対峙して、もてなす側も、もてなされる側も彼らの背景などには重きを置かず、そこにあるのは正しく「人格」だけである。主と客。それぞれが互いの人格に敬意を表しながらも、適度な、また心地よい緊張感の中で悠々と一杯を楽しむ。計算しつくされた美しさを放つ茶道具、掛け軸、茶花。しかしそれらは主と客、この二つの人格より饒舌であってはいけない。

私はこの言葉を一生忘れないであろう。バーのもつ美しさとは、酒を調整する技術でもなく、華美なバーとしての設えでもなく、ましてや威張ったように並ぶ高級なウイスキーのコレクションでもない。酒場を愛し、熟知した村尾氏は「バーは人格である」と確信をもって明言したのだ。

一　サンボア創業

サンボアというバー

平成三十（二〇一八）年、サンボアは創業から百年を迎える。百年前から同じ場所で、一店だけ続いてきたというわけではなく、本書が刊行される時点で、大阪に八店、京都に三店、東京に三店の合計十四店のサンボアを、十二名が営んでいる。

大阪は堂島（鍵澤秀都《ひでと》）、北（大竹司郎）、南（鍵澤和子）、島之内（尾田和男）、梅田（熊谷通《みち》禧《よし》）、サンボア・ザ・ヒルトンプラザ店（菊川康子）、北新地（新谷尚人）、天神橋（田仲一彦）、京都は京都（中川宏）、祇園（中川歡子《よしこ》）、木屋町（中川清志）、東京は銀座（新谷尚人）、浅草（同）、数寄屋橋（津田敦史）である。

創業者は岡西繁一《しげいち》といった。出自は定かではない。彼が大正七（一九一八）年、花隈とよばれた当時の神戸市北長狭通六丁目に岡西ミルクホールを開業したのがそもそもの始まりといわれている。その後、洋酒を提供するようになり、サンボアと改名した。岡西は神戸で知り合った鍵澤正男や中川護録《ごろく》らとともに、その後も大阪や京都に出店を重ね、暖簾分けを許された者たちがサンボアを名乗り、現在に至っている。

サンボア発祥の地に、今、その面影を見ることはできない。また、出店したものの数年で閉じたり、名前や場所を変えたりした店もあり、戦前からの姿をそのまま残している店はない。経営も創業者たちの子孫を中心に現在は代替わりし、創業者・岡西繁一を直接知る者も、もういない。

サンボアは十四店あるが、チェーン店ではない。サンボアにＤＮＡと呼ぶに相応しいものがあるとするならばそれを引き継ぎ、それぞれのバーという歴史を築いている。

日本で最古のバーは、電気ブランで有名な東京・浅草の神谷バーで、明治十三（一八八〇）年創業といわれている。サンボアはまだ及ばないが、しかし本書は、古さを競う目的で書くものではなく、またバーテンダーのカクテル秘伝を開帳するものでもない。百年前、無名の男たちが、当時まだ一般的ではなかった洋酒を広めようと、あるいはそれで一旗揚げようと、さんざん苦労しながら店を構えていった喜怒哀楽の人間模様を私なりにたどった物語である。

ルーツを訪ねて

この街にはよく来た。神戸。二週間に一度、決まって土曜日には来ていた。お目当てはバーだ。その当時二十代半ばだった私にとって、このバーはかなりハードルが高い曲者だった。

阪急電車神戸三宮駅を降りて南へ、三宮センター街を右に曲がり、その先のいくたロードをまた海に向かう。するとその先に、実にレトロな神戸朝日会館に突き当たる。この古いビルができたころ、当時としてはモダンなビルであっただろうことは一目瞭然である。いや、街々に立ち並ぶ個性のない「弁当箱」のようなビルの中にあって、いまだにモダンな風情を漂わせている。御影石であろうか、石材をふんだんに使った丸みを帯びたその建物の上層階には映画館がある。

私は正面玄関、映画館の入口を避けて、丸みを帯びたビルに沿って弧を描くように左に進む。するとそのままビルの丸みに沿って地下に下りる階段がある。そこには「あさひ小路」と記された古めかしい看板がかかっており、階段を下りてゆくと数軒の飲食店が並んでいる。その中のひとつに、男たちばかりが集まる酒場がある。その酒場はコウベハイボールとよばれていた。

まず階段の上で深呼吸。気持ちを落ち着かせて階段を下りたすぐ左手にスイングドアがある。勢いに任せてバーに入ると、すでに先客の男たちがカウンターにもたれて立っている。スタンディングバーだ。四時開店のはずが、数分過ぎたころに行くといつもこんな感じである。カウンターは右手にあり、なるべく奥に行き、割り込ませてもらう。この酒場の主、河村親一氏はいつもここに立つからだ。ハイボールを注文すると、勢いよくグラスをカウンターに叩きつけるようにして置き、サントリーホワイト、炭酸の順に勢いよく注ぎ、最後にレモンピールをツイスト。ピーナッツをかじりながら二杯、ほのかにカレー味のするじゃが芋のピクルスをつまんでもう一杯。これで千二百円。次に入ってくるお客さんに押し出されるようにして出てゆく。その間、四十五分。これで満足だ。あれから三十年以上は経つ。

平成二十一（二〇〇九）年一月、神戸。私はここからサンボアのルーツをたどる旅に出た。今まで聞き知っていたつもりであるその歴史の断片を、拾い上げ、つなぎ合わせ、また検証する作業である。

現在、十二名がサンボアを名乗り、十四店のバーを営んでいる。それぞれ父親、師匠などから、また、長きにわたって通ってくださるお客さまから、その歴史が語られるのを聞いてきた。そこには何通りものサンボアの歴史があり、それぞれ独自に培われてきたもののように思えた。しかし、そのように語られてきた歴史のうちの何が事実であり、何が誤解であるのか、それを誰も検証しないまま、語り継がれているようにも思う。本書は、そのどれが正しくて、どれが間違っているかを述べるのが目的ではない。極端な言い方をすれば、十二通りのサンボアの歴史がある。それでいいとも思う。しかし、ではなぜ、何の目的でこの検証の旅を始めたのか。

もうすぐサンボアは開業してから百年を迎えようとしている。今このタイミングでひとつの「原型」を作っておく必要があるのではないか、次の世代にサンボアを引き継ぐにあたり、百年前の「記憶」を残しておく必要があるのではないか、と考えたからである。百年前のことを、実際に「記憶」としてとどめている者は誰もいないが、それを二次的に聞き継いだ者も少なくなってきている今となっては、この先さらに百年後には、ほとんど「おとぎ話」のレベルになってしまうのではないか、時代の中に埋没してしまう前になんとしてもその原型を掘り起こす必要があるのではないか、それが次世代のサンボアを引き継ぐ者たちへの、私たちの義務ではないか、と考えたのである。

これは、このサンボアの旅に対する内向きの目的であり、理由である。そして、もうひとつの目的がある。

二十世紀の歴史は第二次世界大戦をはさんで大きく転換した。国民の生活も、国家、個人に対する捉え方も、教育のあり方もすべてが転換した。そのなかにあって、酒場に通う者たちも、大正デモクラシーの時代から繁栄の時代、軍靴の鳴り響く狂気の時代、そして敗戦を経験し、戦後の物のない苦闘の時代を経験した。隣国の悲劇ではあったが、朝鮮戦争を弾みにして「もはや戦後ではない」と表明、高度経済成長が始まる。その後、オイルショックにバブル景気とその崩壊に続く「失われた二十年」がやってきた。

この間、百年近くの時を経てサンボア各店の店主も世代交代し、同じくお客さまも世代交代した。いい時代も苦難の時代も、サンボアはお客さまに支えられてきた。それがゆえに、サンボアの歴史はお客さまの歴史でもある。親子三代にわたってお見えになるお客さまもいらっしゃる。歴代の先輩方から引き継がれ、カウンターに通われる方もいらっしゃる。サンボアのルーツへの働きかけは、お客さまのルーツへの働きかけでもある。これがこの旅のもうひとつの目的である。

サンボアは長い年月をひとつ所でバーを営んできたわけでもない。神戸を発祥の地とし、大阪、京都そして東京に散らばって現在に至る。ルーツである神戸・花隈のサンボアを知る者も今では存在しない。また多くの資料が残っているわけでもない。覚書のような紙切れも、この際、重要な資料となる。その歴史の断片を拾い集め、可能な限りの聞き取りで、私なりに、あくまで「合理的である」と思えるところをひとつの着地点とし、それを「サンボア史」の原型とする以外、ほかに手だてがない。当然、いろいろなご意見、ご批判もあろう。「それは違う」と異議を唱えられる方も多くあろう。しかし、お叱りを受けることも覚悟のうえで、それを恐れず、またこれこそがサンボアの「正史」であると位置づけるのではなく、将来、加筆や修正がなされることを期待して、旅の一歩を踏み出そうと思う。

この旅の初めに私は、コウベハイボールの思い出とともに神戸に来た。

一月の末とはいえ、そう気温は低くない。低くはないがときおり風もあり、日陰に入るとやはりひんやりと肌寒い。午前十一時三十分、阪急電鉄神戸三宮の駅前。さすがに平日の昼時分とあって、そろそろ早めの昼食を摂ろうとビジネスマンたちがお目当ての店にでも向かっているのか、右へ左へと行き交っている。このあたりは土曜や休日になると街の様子ががらりと変わり、買い物客や観光客で行き交う人々の服装の色彩もにぎやかになる。今ではここ三宮が神戸の中心になっている。「今では」と書いたのは、サンボアができたころはもう少し西に神戸の中心街があったからだ。

私がこの町から足が遠のいてもう二十五年以上になる。現在の朝日ビルは、当時の面影を少しも残してはいない。平成二（一九九〇）年に取り壊され、すっかりモダンに建て替えられたからだ。

そのモダン。大正・昭和初期にはよくこの言葉が使われた。モダンとは、その時代のもつ背景から、少し離れたところにある斬新さ、といったイメージである。昭和九（一九三四）年、昭和初期に建てられた重厚な神戸証券取引所、のちの旧神戸朝日会館はその時代のモダンな色合いを残していたように私には感じられた。

ふくらみをもったエンタシスのような柱、その柱に挟まれたドーム状の梁、建物のカーブに沿った曲線の回廊。どこをとっても直線的な現代のビルとは一線を画していた。新しいビルが「モダンになった」と書いたが、単に現代的になっただけである。今ある朝日ビルはどこにでもある建物であり、斬新さを感じることはない。この点では、かつての朝日会館のほうがモダンである。当時の面影は、ファサードの一部に単なるデコレーションとして、まさしく「張りついた」状態でその姿を見ることができるだけだ。数年前に建て替えられた東京・銀座の交詢ビルの入口に、かつてのファサードが残されているのと同じ具合だろう。

この「モダン」という言葉が、サンボアの歴史を語るうえで重要なキーワードとなる。単に、「現代的」「近代的」と直訳したのでは、二十世紀の初頭、大正から昭和にかけてのその時代人のもつ感覚、西洋に対する強烈な憧れと、それ以前の時代から引き継がれてきた伝統の狭間で、いきいきとした時代の色合いを表現することはできない。

その昔、男ばかり集まるバーがあった。そのひとつが神戸朝日会館にあったコウベハイボールである。男ばかり集まるのには理由がある。この酒場の主は河村親一といったが、彼は女性客を好まなかった。若い男女のカップルも、やはり好まない。ひと昔前にはこういったバーの主人は珍しくなかった。東京・新橋にあったトニーズバーも、女性だけの入店はお断りしていたと聞く。そもそも、私がサンボアで働き出した昭和六十二（一九八七）年ごろも、圧倒的に女性客は少なく、たまに女性がドアを開けて入ってくると、カウンターに居並ぶ男たちが「珍客」とばかり一斉に視線を浴びせかけたものだった。バーは長きにわたり、男たちの聖域だった。

一九八八年、私が初めてニューヨークを訪れたとき、一八八四年創業という三番街のP.J. Clarke'sというバーによく通っていた。そのころはまだ、MEN'Sと書かれた男性用のトイレしかなかったと記憶している。古い酒場はある種の men's saloon であった。その男たちの聖域を守りたいと思う一徹な主人は、そこに集う男たちにとっては心地よく、頼もしい存在だったに違いない。

トニーズバーも、そんな店だった。ここは平成十三（二〇〇一）年にマスターである松下安東仁氏、通称トニーさんが鬼籍に入られ、そのあと姉のベッティーさんが名店のカウンターを守っていたが、同二十一（二〇〇九）年十二月二十八日、ついに多くのファンに惜しまれつつその歴史を閉じた。ベッティーさんの年齢ゆえのことらしい。のちに詳しく触れるが、祇園サンボアのカウンターに立つ中川立美も、祇園サンボアに入る前、このトニーズバーで二年ほど修業した。今でもこのバーの話は、私が銀座の店に立っていると、ときおり漏れ聞こえてくる。「名店」とはこういうものだろうと思う。

さて、コウベハイボールである。平成元（一九八九）年十一月二十四日付の朝日新聞に、河村親一氏を取材した記事がある。

「戦争が終わって、軍隊から大阪へ帰ってきたのが昭和二十一年。一面、焼け野原で、阿倍野駅から大阪城の天守閣が見えた。父親の知人に声をかけられ、ミナミにあった『フランセ』（筆者注――「仏蘭西屋」とも言った）というバーに勤めたんです」

「客も戦前から外国で本場の酒飲んでる人が多かった。こっちが一人前に蝶ネクタイしてカクテル作ってると、客が『おい、何杯分作ってるんや』。『三杯分です』と答えたら、『それやったら一杯半や』と言う。グラスを三つ置いて注いだら、ぴったり一杯半しかない。顔から火が出ましたわ。ハイボール作るとき、炭酸を次々六本抜いてテーブルに並べさせる客もいた。じっと見て一本を指さし『これで作って』。あとの五本分も代金払わはりました」

修業中のころを語ったものだが、その当時六十七歳の老バーテンダーは女性客や若いカップルが来るなり「もうエエから、三宮でも行ったら」と、こんな調子だった。カクテルなど注文すると「三宮に行きいや」と、やはりばっさり切り捨てる。三宮駅周辺やそこより山側を、この主は三宮と表現しているらしい。そこより海側にあるこの店の辺りと、どうやら区別しているようだ。山手は河村氏にとっては洒落た感じだったに違いない。

それにもめげずに「そう言わんと、ジンフィズ、作ってえな」と哀願すると、意外とニコッとした表情をして作ってくれる。材料は揃っているのだ。河村氏はそんな人だった。

当時、とにかく男たちは、まだ日の高いうちからこの主の作るハイボールを目当てに集まってくる。時代の流行とは無縁な、ハイボールだけにこだわり続けた、そういう酒場だった。

そして、このコウベハイボールの前身がサンボアである。河村氏は、鍵澤時宗に誘われてから三十年あまりここに立っていた。しかし残念なことに、朝日会館が平成二（一九九〇）年に改築のため取り壊しになり、このコウベハイボールも、そして主の河村親一氏も私たちの業界から退いた。先の朝日新聞の記事は、惜しまれながら消えゆくコウベハイボールと河村氏を、その半年前に取材したものである。それから、さらに四半世紀以上が経つ。

サンボア創業

その神戸。大正七（一九一八）年、岡西ミルクホールと名乗る、現在でいう喫茶店のような飲食店が誕生した。正確に言うと神戸市中央区北長狭通六―三六。このミルクホールの経営者は岡西繁一。そのミルクホールがのちに洋酒を扱うようになり、サンボアと名称を変えていくのだが、ここがサンボア発祥の地であるといわれている。

現在のJR元町駅の山側は、北長狭通四丁目で、西に行くと五丁目と連なり、それより西に行くと、突如として地名が花隈になる。神戸の人たちは「山側」「海側」とよく言う。神戸は六甲山と神戸港に挟まれた南北に狭い街である。当然、山側と言えば北を指し、海側と言えば南を指す。どこからが山か海かではなく、自分の立っている位置から北を山側、南を海側と言うようである。

阪神元町駅を山側に降りて左、線路に沿って西に向かう。この街は山と海に挟まれ、東西に長く発展せざるをえなかったのだ。花隈と地名の変わるところに花隈公園があり、それを越えたところに阪急電鉄神戸高速線花隈駅が左手に見える。このあたりからまたどういうわけか北長狭通となり、北長狭通六丁目にあたる。この六丁目はとくに南北にも、また東西にも狭く、どうやらこのあたりが岡西ミルクホールの発祥の地であると想像できる。

いや想像しかできない。断定はできない。それは当時を知る者もなく、資料もないからだ。

だが私は、大正七年当時の地図を現在の地図にトレースし、道のかたち、学校、寺社の位置からこのあたりであろうと推測している。手元に、大正十三年ごろのサンボアを知る者による唯一残されたメモがある。これは堂島サンボアの初代・鍵澤正男が岡西ミルクホールの思い出を書いたものである。そこには、

「現在の省線元町駅の山側、駅の見える処にあった」

とある。省線とはのちの国鉄、今のＪＲのことである。「駅の見える処」なら正確には北長狭通六丁目ではあるが、大雑把に花隈と呼んだのであろう。北長狭通というより花隈と言ったほうが、いわば通りがいいからであると想像できる。花隈は花街であり、この当時賑わっていた。サンボアの発祥の地は花隈とされている。

そこをもう少し西へ行くと、「モダン寺」の愛称で知られる、浄土真宗本願寺神戸別院がある。まさしくその愛称通りモダンである。京都にはない、神戸の街にこそふさわしい佇まいである。この寺は、寛永十六（一六三九）年に建立された善福寺を前身としており、当時の建物は従来の木造建築物で、大正六（一九一七）年一月の火災により焼失してしまう。翌年から復興に着手し、昭和五（一九三〇）年、日本初のインド仏教様式デザインの建造物が完成した。その斬新な様式から、神戸の人々は「モダン寺」の愛称で慣れ親しんだ。このモダンという言葉こそが、この時代のこの地域を象徴するキーワードである。大阪でもない、京都でもない、このモダンな街だからこそ、当時ほとんどの人に馴染みのないスコッチウイスキーを提供する

サンボアが生まれたと言っても過言ではないであろう。

その当時、現在のＪＲ元町駅は省線三ノ宮駅で、元町駅はなかった。昭和六（一九三一）年に国鉄が高架になり、この三ノ宮駅が大阪方面に寄って現在の阪急電鉄神戸三宮駅に隣接する位置に移動し、もとの三ノ宮駅が元町駅となった。

さらに、当時は北長狭通五丁目の西は当然のように六丁目、七丁目と続いていたのだが、この六丁目が北にある花隈町に押し出され、町の西の一部を花隈町に切り離されたようになり、現在のように北長狭通五丁目と六丁目は分断されてしまった。そこに神戸高速鉄道花隈駅ができた。したがって、前述のメモにある元町駅は、当時三ノ宮駅であったと考えられる。かつて神戸の繁華街の中心はこの界隈であった。

この界隈、花隈とよばれた場所はお茶屋が立ち並ぶ花街で、谷崎潤一郎の『蓼喰う虫』に出てくる外国人専用の娼館もこのあたりにあったようだ。それが年を追うごとに街の中心が元町、そして三宮、すなわち東に移っていった。今では少し寂しい街になってしまっている。

往時を偲ぶものは何も残っていない。少し前の面影もほとんどない。当然である。平成七（一九九五）年一月十七日五時四十六分、大地震がこの地に襲いかかったのだ。震源地は淡路島で、マグニチュード七・三、このあたりは震度七を記録した。死亡者六千四百人余、負傷者四万三千人余、倒壊家屋は半壊・全壊あわせて約六十四万戸。阪神高速道路もなぎ倒され、いたるところで猛火が街や人に襲いかかった。想像を絶する光景だった。筆舌に尽くし難い物語が、神戸や淡路に住む人々ひとりひとりに存在することは言うまでもない。

街は破壊しつくされ、焦土と化した神戸は、私が「サンボアの旅」を始めたころになると、震災から見事に立ち直った、ように見えた。そのように見えたのは三宮、元町などの繁華な街はさすがに新しいビルが立ち並び、賑わいと活気を取り戻していたからだが、この花隈まで来ると、よく見るとまだ空き地が手つかずのままの状態で残っていた。まだ、外からは窺い知ることのできない数多くの問題がこの街の内部には存在し、その傷が完全に癒されたというには程遠いのではあるまいか。枚挙にいとまのないドラマが、神戸の復興の陰にはあるのだろう。しかしここではその話には触れない。

この神戸・花隈で、岡西ミルクホール、のちのサンボアが第一歩を歩み出したのである。

創業者の岡西繁一は芳仲とも繁三とも名乗っていた。岡西の足跡をたどろうと、平成二十一（二〇〇九）年三月にまた神戸にやってきた。手始めに、「もし彼がこの辺りの生まれなら」と思って、サンボアという百年の物語の始まりの地、花隈界隈の寺を訪ねた。その土地に住む人々の数世代にわたる資料や記録は、そこに古くからある寺社に残されていることが多いからである。何か岡西に繋がるものがないかと、いくつか点在する寺社を訪ねてみた。もちろん前述のモダン寺も訪ねた。かすかに期待はしていたが、無駄に終わった。考えてみると当然のこと、このあたりは先述した阪神・淡路大震災のため壊滅状態になり、今ある建物はそれ以降のものだ。また、岡西の近親者に関する話は聞いたことがない。

もうひとつの手がかりは、一茶亭《いっさてい》という蕎麦屋である。第二次世界大戦後、大阪では復興の象徴として、梅田にビルが建ち始めた。昭和二十六（一九五一）年の阪急航空ビルを皮切りに、二十七（一九五二）年に産経会館ビル、二十八（一九五三）年に新阪神ビル、そして同年に大阪初の十二階高層ビルとして第一生命ビルが建築され、岡西はそのビルの中にオールドサンボアと称した、戦後、彼にとってのサンボアをスタートさせていた。だが、そのビルでの事業もあまり長くは続かなかった。

ほぼ時を同じくして、前述の神戸朝日会館の地下で岡西は蕎麦屋を始めた。一茶亭と名乗った。実際にはパートナーの女性が切り盛りしていたと聞いている。この店は長く続き、確かコウベハイボールと同様、平成二（一九九〇）年の建て替えによる取り壊しまで営業していたようだ。岡西が生きていたとしても、当時の年齢でとっくに九十歳は超えていたであろう。私が頻繁にコウベハイボールに通っていたころは、残念ながらこの一茶亭の存在は知らなかった。

『神戸商工名鑑』という本がある。これは、その当時の神戸における、行政に届出がある商店や会社の情勢が窺えるものである。

この一茶亭から岡西にたどり着けないかと思い、昭和五十年代の『神戸商工名鑑』のページを繰ってみた。するとそこには確かにその名が掲載されていた。神戸市中央区浪花町五九。朝日会館の記述もある。経営者は内川美佐子とある。岡西の一茶亭は開店当時からそもそも彼女の名義だったのか、岡西の跡を継いだ近親者か、それとも屋号だけ受け継いで、代替わりしたのか。これだけでは判断することができない。
ところが、内川美佐子が差出人のはがきが出てきた。昭和三十五（一九六〇）年七月七日の消印、堂島サンボアの創業者・鍵澤正男に宛てたもので、そこには「株式会社一茶亭内川ミサ子」とある。

拝啓　酷暑の候　皆様御元気に御過しの事　御喜び申上げます
さて　亡夫　岡西繁一儀　昨年七月二日　主に召されまして　種々と忙事に取り紛れ　御無沙汰申上げましたが　一年后の祈念の集いを　左記の通りに行い度く存じますので　何卒　宜敷く御願い申上げます　尚　準備の都合も御座いますので　御返信を御待ちして居ます
日時　七月十日　午后二時
場所　神戸市生田区浪花町五九（朝日会館内）
株式会社一茶亭
右御案内旁々御願迄
敬具

しかし、のちに紹介する鍵澤正男の覚書では、

「岡西師《ママ》の妻　徳枝婦《ママ》人が最後まで北浜店に頑張って居た様で有るが、話しは出来て北浜店を泉氏に譲る様で有る」

とある。前述のはがきには「亡夫」とあることから察すると、内川は徳枝夫人の後に岡西と連れ添った女性であろうか。


飲食店を経営するには、保健所の発行する営業許可証が必要である。平成二年になくなったのなら、その許可証は残っていないだろうか？　そこに記載されているであろう内川美佐子にたどり着くことができないかと思って、該当地域の保健所を訪ねると、担当者からの回答は、

「許可証は六年間しか保存していない、それに、たとえあってもお教えすることはできない」

ということだった。個人情報保護法の壁に阻まれ、ここからも内川、その先の岡西をたどることはできなかった。


一茶亭が岡西による経営であったという話は複数の人から聞いている。そのうちの一人、岡西をよく知る広田伝左ヱ門氏は、堂島・北・南・ヒルトンのそれぞれのサンボアを贔屓にしてくださったお客さまだった。美しい豊かな白髪が見事で、矍鑠《かくしゃく》とし背筋はまっすぐに伸び、グアムやサイパンにまでゴルフに出かけ、年中真っ黒に日焼けされている、まさに老紳士である。氏の口からよく岡西の話は聞いていた。

広田氏は一茶亭のころの岡西について、「岡西さんは、早くから東京にサンボアを出す夢を

もってはった。その夢を、五十年かかってようやく君が叶えたな。岡西さんも喜んでるで」と語ってくれた。しかしその広田氏は、私が話を伺おうと連絡を取ったまさにその一年前、平成二十（二〇〇八）年の秋に倒れられ、闘病中であると奥様からお電話を頂戴した。「岡西についての話をお聞きしたい」と、手紙を差し上げたことへの返事だった。「こんな話なら、主人は喜んで東京まで参りましたものを……」と、残念そうにおっしゃった。

岡西は、どこで生まれ、どこで育ったのか、またどういった過程で岡西ミルクホールを創業するに至ったか。今では知るすべもない。岡西ミルクホール以前の岡西の足どりはここで途絶えてしまった。

前述の『神戸商工名鑑』では、私たちのような商売は、大正後期、昭和初期には「西洋料理」の項に分類されていた。「飲食物」を商う業種としても記載されていたが、「バー」としてのくくりはなかった。

大正十四（一九二五）年の『名鑑』には、「カフヱパウリスタ」という店が載っている。現在の東京・銀座八丁目にある、あのパウリスタと何か関係があるのだろうか。もっとも、パウリスタとは「サンパウロっ子」という意味で、江戸っ子、浪速《なにわ》っ子という言い方と同類である。ちなみにカリオカとは「リオデジャネイロっ子」である。したがって、カフヱパウリスタは一般的な名称といえるだろう。

カフェは「カフヱ」または「カフィ」と表記されていた。湊バー、櫻バーと名乗るバーもあるにはあった。昭和二（一九二七）年になると、ボストンバー、三宮バーの記述も見られるようになる。昭和四（一九二九）年になるとカフェが乱立する。ライオン、ダリア、黒猫、キネマ、オアシス、キング、アラビア、ナポリ……、それぞれカフヱを冠した。パウリスタは「株式会社神戸カフェパウリスタ」になっていた。コージーコーナーの名前も出てくる。これも、東京でよく見かけるあのコージーコーナーと関連があるのか。このころキャバレーの記述も見つかる。カルメン、ナガタなどである。

ところがこの『名鑑』には、岡西ミルクホールもサンボアも見当たらない。もっとも、大正十三年の『名鑑』に神戸市役所商工課の「例言」として、こうある。

一、本書ハ取引紹介其他参考ニ資スル目的ヲ以テ本市ニ於テ営業税三十円以上（大正十二年九月現在）ヲ納付スル商工業者ヲ輯録シ併セテ各種組合市場等ヲ掲載セリ

一、本書ニ掲載資格アルモノト雖モ調査不能ノモノ登載ヲ希望セサルモノハ之ヲ省キ尚営業ノ種類ニ由リ都合上採録セサリシモノアリ（以下略）

岡西はこの「営業税三十円以上ヲ納付スル商工業者」でなかったか、「調査不能」もしくは「登載ヲ希望セサルモノ」であったか、あるいは「都合」の悪い業種だったか、そのいずれか

であろう。

ともあれ、サンボアは大正七(一九一八)年創業と伝え聞いている。

「サンダイヤ(SUNDIA)」(二十四巻、小川香料株式会社蔵)という企業広報誌がある。その中に「古き良き　サンボアのかおり　今もなお…」と題した、当時の小川香料社長、小川嘉治《よしはる》氏と、堂島サンボアの初代・鍵澤正男の対談が収録されており、本書ではそれを参考にサンボアの歴史をたどっている。だが、岡西繁一がどういった人物か、その人となりを窺える文章は見当たるものの、神戸・花隈でミルクホールとよばれた、今でいう喫茶店のようなものを経営していたという事実以前の岡西についての経歴は何も語られていない。ともかく、サンボアの起源はここにある……ようだ。この「サンダイヤ」は広く一般読者の目に触れるものではないが、小川嘉治社長の個人的な思いがこの二人の対談の随所に垣間見える。追って紹介する。

ここで対談相手を務める鍵澤正男が、前述したように大正十三年ごろのサンボアのあった場所をメモしており、岡西とも書簡をやりとりしている。『神戸商工名鑑』でも見られるように、いわゆるバーとよばれる店はそう多くはない時代に、そのバーを始めることになった。それには、ここ神戸という特有の文化・風土をもつ土地柄が大いに関わっているように思われる。それに加えて、バーという当時ではまだ珍しい業種に挑戦することを、「新しもの好き」の岡西の性格が後押ししたのではないだろうか。いや、それよりバーを始めたきっかけはもっと単純で、ミルクホールをやるより酒を売ったほうが儲かる、という理由からだったかもしれない。

神戸独特の雰囲気について、奈良県立大学准教授、戸田清子氏は論文「阪神間モダニズムの形成と地域文化の創造」の中で次のように説明している。以下に要約する。

「阪神間モダニズム」とは、「明治後期から大正期を経て、太平洋戦争直前の昭和十五年頃までの期間において、阪神間の人々のライフスタイルを形成し、地域の発展に影響を与えてきた、あるひとつの文化的傾向」を表す言葉である。この時期、日本の経済の急成長にともない、各地で都市化が進んだ。都市化は、これは現在でも見られる傾向だが、その土地の本来持つ独自性が希薄になること、画一化が進むことにつながる。この時期の大阪は、東京より生産性が高く商業的にも工業的にも大都市化していた。一方、神戸は横浜と並ぶ国際港として発展し、外国人居留地の存在により早くから西洋文化に晒され、国際化してゆく。

ここでいう「阪神間モダニズム」の「阪神間」とは、この大阪と神戸に挟まれた六甲山を背景とする地域を指す。すなわち、神戸市東部、武庫川以西、西宮市、芦屋市あたりがここでいう「阪神間」となる。

モダニズムとは伝統からの脱却を指す言葉であるが、ここではその意味合いが少し違う。戸田氏によれば、たとえば、ヨーロッパ美術におけるモダニズムに目をやれば、日本の伝統的な様式美、芸術を色濃く反映していることは明らかであり、「ジャポニズム」とよばれた日本文化の伝統の影響を受けた西洋文化を「輸入」することで、我々は自らの伝統と再び向き合うことになる。そうであれば、伝統からの脱却という意味合いに加え、伝統を包含した「近代」の超克と捉えるのがここで言う「モダニズム」であるそうだ。

さて、「阪神間モダニズム」。まさしく西洋的な気風に満ち溢れた港湾都市・神戸と、伝統を重んじる上方・大阪の間で、さらに六甲の緑深い山々と海に挟まれた風光明媚なこの地域で、新しいライフスタイルが構築された。その担い手は居留地の外国人や関西財界人であり、小磯良平、小出楢重といった画家、谷崎潤一郎ら作家に代表される文化人とよばれる人々であった。ゴルフ、テニス、クリケットなどに興ずるための施設も広がりつつあった。

神戸港は、当時横浜と並ぶ日本を代表する貿易港であった。イギリスなどヨーロッパからは新しく開発された機械、アメリカからは綿花を輸入し、日本からは茶、生糸などが輸出された。かたや大阪では、新しく導入した機械により紡績業が著しく発展した。大阪を中心とした地域の財閥、資本家がその担い手であり、この地域のみならず日本全体の産業を牽引し、資本主義の発展に貢献した。

しかしそれに伴って、大阪の住環境が著しく悪化した。大気や水質の汚染、騒音が問題となり始めた。「水都・大阪」から「煙の都」と呼ばれるようになった。「霧の都」と呼ばれた産業革命後のロンドンとよく似ている。このころを境に急速に悪化した住環境を避け、大阪の富裕な資本家が阪神間の風光明媚な土地に広大な宅地を構え、移住することになった。

また、この神戸・大阪の産業の興隆に伴い、それを支える労働力としての人口の流入が進んだ。このような背景において、国策としてのインフラ整備が急ピッチで進んでゆく。阪神間も官営の鉄道（現ＪＲ）が敷かれたが、あくまで産業中心の国策であるため、大都市間を直結するのが目的であり、阪神間に神戸・大阪からあふれた人口を輸送する手段ではなかった。

官営鉄道に次いで、明治三十八（一九〇五）年に阪神電気鉄道（阪神電鉄）が、明治四十三（一九一〇）年に箕面有馬電気軌道（のちの阪神急行電気鉄道、阪急電鉄）が誕生した。海岸線を走る阪神、山手を走る阪急、その間を国鉄が走り、阪神間のアクセスが充実していった。この私鉄二社の特徴は、その路線にアミューズメント施設を作り、そこを利用する乗客を増大化させ、その輸送を担うことであり、また給与所得者たちが好景気を背景に中産階級とよばれるようになり、彼らのための住居用の土地を開発し、供給することにあった。

先行した阪神電鉄は、海沿いに宅地を造成した。鳴尾、御影、甲子園などである。スポーツ関連のアミューズメント施設も建設した。まず甲子園球場、そして甲子園ホテル、阪神パークなどである。さらに緑豊かな六甲山にも注目した。別荘、避暑地としても最適なリゾート地の開発も進めた。日本最古のゴルフ場建設もこのころであるが、これについてはサンボアとの関わりが深く、詳しくはのちに譲る。阪神電鉄はこの六甲山のリゾート地に利用客を運ぶためのケーブルカーやドライブウェイも開発した。

一方、後発の阪急電鉄は、残された六甲山麓の南斜面に形成する台地に巨大な住宅地を開発した。まずは宝塚である。のちに神戸線が開通し、それに伴い、岡本地区、そして芦屋、西宮、甲東園、伊丹、尼崎と宅地を造成してゆく。これらはすべて六甲山から流れる河川に沿って造成され、山、緑、川、眺望、すべてにおいて宅地としての条件が整っていた。また阪神と同じく、アミューズメント施設にも着目した。宝塚大劇場であり宝塚少女歌劇団である。彼女たちを養成する宝塚音楽学校も設立された。さらに宝塚ホテル、六甲山ホテルなど、次々と開発を進めた。

「阪神間モダニズム」が形成された時代性、この地域のもつ独自性がサンボアの誕生と大きく関わり合っていたと思われる。神戸・花隈で産声を上げたサンボアが、阪神間に住む財界人や文化人、大阪の富裕な商人、新たに台頭してくる中産階級に属する人々に支えられ、その後百年を迎えるバー・グループの基礎を築き上げたのであろう。

ハイカラな西洋文化に晒された国際都市、神戸の自由闊達で先取の気風に満ちた風土と、近世から継承された格式・伝統を重んじ、歌舞伎・浄瑠璃や芸事に興じた大阪商人、実業家のライフスタイルが互いに影響し合い交じり合い、調和して醸成されたこの時代と地域に住む人々の包含する文化的厚みに、サンボアは育てられたといっても過言ではないだろう。

こういった時代背景の中、東京にでき始めたカフェが阪神間にも伝播したという。

この時代の日本におけるカフェについて、関西大学教授、増田周子氏の「大阪におけるカフェ文化と文藝運動――明治末から大正初期を中心として」［竹村民郎・鈴木貞美編『関西モダニズム再考』（思文閣出版）所収］によれば、明治二十一（一八八八）年、東京・上野にできた可否茶館が日本におけるカフェの起源らしい。しかしこの店は四年で廃業し、同四十一（一九〇八）年、日本橋小網町にメゾン・鴻ノ巣が誕生、それを機に東京、さらに大阪までカフェが見られるようになったとある。この当時のカフェの役割は、単にコーヒーなどを喫するだけにとどまらず、「文芸サロン」としての役割を果たしていた。そのことについて増田氏の論文にはこうある。

大阪におけるカフェと文藝運動について考察するにあたり、大阪にも影響をもたらした明治の文藝サロンとして忘れてはならないものがある。それは、「パンの会」（一九〇八―一九一二年）である。メンバーは、木下杢太郎、北原白秋、石井柏亭、森田恒友、山本鼎、吉井勇、長田秀雄、さらに、高村光太郎、永井荷風、谷崎潤一郎らである。（中略）

杢太郎によると、「カフエエといふものが藝術運動の重なる一要素になつてゐること」を知ってそういうサロンのような文学会合を開きたかったが、ヨーロッパのようにカフェがまだ日本にはなかったので、隅田川沿いの西洋料理屋や永代橋の永代亭という料理屋でパンの会の会合を開いたのである。

また、画家の石井柏亭も、「仏国印象主義者と文人とのカフェー・グエルボアの会合のようなものを持ちたい」といい、「東京にはまだカフェーという存在はなかった［…］実際洋食屋を会場とするより仕方がなかった」と語っている。

　そういった文人たちが待望した文芸サロン的なカフェは、こぞって同人誌を発行している。パンの会は「屋上庭園」、メゾン・鴻ノ巣は「カフェエ夜話」を発行し、後者は大杉栄、荒畑寒村による雑誌「近代思想」の集会所にもなった。こういったカフェは、文壇、画壇のみならず、俳優やジャーナリストまで錚々たるメンバーが集ったようだ。カフェ・プランタン、カフェ・ライオンもこのころに現れた。前述のカフェーパウリスタは明治四十四年に銀座七丁目（当時は銀座宗十郎町）にできた。ここは青鞜社のメンバーも足繁く通い、そこから雑誌「青鞜」が生まれたという。

　サンボアにも、同様の逸話が残されている。

　まず、なぜサンボアと名付けられたかについて、それぞれのサンボアでいくつかの由来が伝わっている。そのひとつに、当時「ザムボア（朱欒）」と題した文芸誌があって、そこから名前を拝借し、店名を岡西ミルクホールからザンボアに改めた、という説がある。

　ザンボアとは、そもそも柑橘類の果実のザボンの語源でポルトガル語である。幼児の頭くらいの大きさがあり、「長崎のザボン売り」といった歌にうたわれたりした。長崎の土産物として、皮の部分を砂糖漬けにしたものが売られている。これが文芸誌の名に採用されたらしい。

「ザムボア」の編者は北原白秋。岡西はこの文芸誌と北原白秋に並々ならぬ共感を抱いていたようだ。この雑誌はいわゆる詩集のようなもので、北原白秋による散文もあるが、その多くは短歌である。白秋自身が選者となり、投稿された短歌を多数掲載している。さらにその歌評もされている。横一五九ミリ、縦二三四ミリで、表紙には「ザムボア」と右から左に横書きされている。ちなみに当時の雑誌は、北新地、銀座、浅草、数寄屋橋サンボアに展示している。

ともあれ、北原白秋の手になる文芸誌「ザムボア」が、その後百年を迎えようとするバーの名前の由来となった。

さらに面白いエピソードがある。ザンボアはZAMBOAと表記する。ところが、当時、横文字に親しみのなかった看板屋が、Zを逆さにしてSとした看板を作ってしまい、そのままSAMBOAとなったという。岡西が大らかだったのか、時代そのものが大らかだったのか、間違ったままで現在に至っている。この逸話は鍵澤正男の実弟・時宗から伝え聞いたものだが、真偽は確かめるすべもない。

また、谷崎潤一郎が命名したという説もある。時宗の兄・正男によると、「私が（初めてサンボアを）知ったころは、酒のかおりよりも、コーヒーの匂いがしていたんですよ。当時のお客さんだった谷崎潤一郎さんに知恵をさずかり、名前もつけてもらったんです」とある（「サンダイヤ」）。

しかし谷崎潤一郎は大正十二（一九二三）年の関東大震災で被災し、そのあとで関西に居を移したはずである。その谷崎が大正七年創業の岡西ミルクホール、さらにその後のサンボアの命名にどう関わったのだろうか。

そもそも由来となった文芸誌「ザムボア」は今も残っている。その谷崎が「コーヒーのかおりのする」店の客であり、「知恵をさずかった」というのが事実ならば、大正七年開業の岡西ミルクホールは、その五年後、少なくとも大正十二年以降にザンボアと改名されたのではないかと推察される。しかも、「サンダイヤ」に載った鍵澤正男の対談によると、明治四十四（一九一一）年生まれの鍵澤正男が初めて岡西と出会ったのは大正十一（一九二二）年、十一歳のときである。「私が知ったころは……」とあるが、これはむしろサンボアではなく、「酒のかおりよりも、コーヒーの匂い」がする岡西ミルクホールではなかったのか。そう考えれば時系列としても辻褄が合う。

つまりこうである。

大正七（一九一八）年　岡西繁一、岡西ミルクホールを神戸・花隈に開業。

大正十一（一九二二）年　鍵澤正男が岡西繁一と出会い、正男は岡西ミルクホールの存在を知る。

大正十二（一九二三）年　九月一日、関東大震災。被災した谷崎潤一郎は関西に移り住み、居を転々とした際に岡西ミルクホールを知るに至った。

その後、岡西の愛読していた北原白秋の手になる「ザムボア（朱欒）」を店名に拝借し、ミルクホールをバーにしてはどうか、と谷崎から助言を受けたのだろうか。北原白秋と谷崎は、先に述べた「パンの会」にともに名を連ねている。

『バー「サンボア」の百年』について　(9589)

■その他小社出版物についてのご意見・ご感想もお書きください。

■あなたのコメントを広告やホームページ等で紹介してもよろしいですか？
1. はい（お名前は掲載しません。紹介させていただいた方には粗品を進呈します）　2. いいえ

ご住所	〒　電話（　）		
（ふりがな）お名前	（　歳）1. 男　2. 女		
ご職業または学校名		お求めの書店名	

■この本を何でお知りになりましたか？
1. 新聞広告（朝日・毎日・読売・日経・他〈　〉）
2. 雑誌広告（雑誌名　）
3. 書評（新聞または雑誌名　）　4.《白水社の本棚》を見て
5. 店頭で見て　6. 白水社のホームページを見て　7. その他（　）

■お買い求めの動機は？
1. 著者・翻訳者に関心があるので　2. タイトルに引かれて　3. 帯の文章を読んで
4. 広告を見て　5. 装丁が良かったので　6. その他（　）

■出版案内ご入用の方はご希望のものに印をおつけください。
1. 白水社ブックカタログ　2. 新書カタログ　3. 辞典・語学書カタログ
4. パブリッシャーズ・レビュー《白水社の本棚》（新刊案内／1・4・7・10月刊）

※ご記入いただいた個人情報は、ご希望のあった目録などの送付、また今後の本作りの参考にさせていただく以外の目的で使用することはありません。なお書店を指定して書籍を注文された場合は、お名前・ご住所・お電話番号をご指定書店に連絡させていただきます。

私は、谷崎が命名したとは多少無理があると考えている。なぜなら、谷崎とザボン、またミルクホールとザボンの関連性がまったく希薄であるからだ。したがって、谷崎が突然「ザムボア」を持ち出したと考えるのは唐突であり、仮に「ザムボア」そのものの発案者なら、その理由がどこかにあるはずだが、どうも見当たらない。

最初に述べたように、残された数少ない資料からの推測で本書は書き進められている。よってあくまで「合理的」と思える根拠を本書の骨格と位置づけており、決して「正史」であると思っているわけではない。後世に何かの資料が発見され、加筆、修正されることを待ちたい。

さて「サンダイヤ」の対談によれば、「トーストパン焼くのを手伝」っていたという鍵澤正男は、小川氏の「そのとき、アルバイトしたのが岡西さんとこか」という問いに対して、「ええ、当時は鳴尾のゴルフクラブです。そこには、バーと食事するところがあって……」と答えている。

この鳴尾ゴルフ倶楽部の飲料部門を岡西が担当していた、という話も聞いたことがあるが、もしそうであるのなら鍵澤正男は鳴尾ゴルフ倶楽部に勤めていた岡西の下で働いていたことになる。しかし、これが初めて出会った大正十一年なら、このときすでに岡西はミルクホールを経営しており、「岡西さんとこ」と「鳴尾のゴルフクラブ」が一致しない。鍵澤が鳴尾で「岡西さんとこ」、すなわち岡西の下で働いたことにはならない。

この「サンダイヤ」は、二人の対談を録音し、のちに文章に起こしたもののようである。文章がほとんど話し言葉で構成されていることからも、大阪弁をそのまま採用していることからも、そのことが窺える。もし、この二人の対談を録音し、文章に起こした人が「いいえ」を「ええ」と聞き間違えたと仮定するならば、話の辻褄が合ってくる。

正しくは、アルバイトをしていたのは「岡西さんとこか」「いいえ、鳴尾のゴルフクラブです」であり、そこで、ミルクホールを経営していた岡西と出会った、のではないだろうか。

鍵澤正男が残した別のメモに、「大正十五年三月二十六日、卒業早々『大阪・北浜のサンボア』に奉公」とある。サンボアについての特集記事を掲載したある月刊誌に、「父は十六歳から鳴尾ゴルフクラブで働いていて……」という正男の長男・鍵澤正の談があるが、これは事実とは合致しない。

おそらく十一歳の正男少年は、鳴尾ゴルフ倶楽部で岡西ミルクホールの経営者である岡西繁一と出会ったのだろう。その岡西ミルクホールが、大正十二年の関東大震災を逃れて関西に転居した常連客の谷崎潤一郎氏のアドバイスを授かり、岡西が愛読していた文芸誌から屋号を拝借し、サンボアと改名し、ウイスキーを出すバーが誕生した。岡西ミルクホールは少なくとも五年間は続いたことになる。その後、岡西に鳴尾ゴルフ倶楽部から引き抜かれた鍵澤正男が、十五歳から北浜のサンボアで働き出したのではないか。

日本のバーの草分けと日本のゴルフの黎明

神戸は当時日本で一番ハイカラな土地のひとつであった。ハイカラとは明治期に流行した男性の洋装で、襟台の高い(high collar)ワイシャツのことを指し、「西洋かぶれした、もしくは洋行帰りを気取った、気障」なことの象徴のように使われていたが、その後には、「進歩的、おしゃれで都会的、近代的なイメージ」を総じてこう呼ぶようになった(WEBサイト「語源由来辞典」等)。

神戸が日本屈指の国際貿易港で、外国人居留地も存在したことによるのだろう。長らく鎖国状態であった江戸時代から一転し、堰を切ったように新しいものがどんどん輸入された。前述した「阪神間モダニズム」の時代性・地域性と阪神電鉄、阪急電鉄の誕生と拡張、宅地の開発とスポーツ・アミューズメント施設の建設が日本初のゴルフクラブ「神戸ゴルフ倶楽部」の誕生の背景にある。日本のゴルフの源流がこのハイカラな土地にあった。

神戸にゴルフ場ができたのは明治三十六(一九〇三)年、開祖はイギリス人、アーサー・ヘスケス・グルーム。当時のゴルフ場は、神戸に住むイギリス人のために造られた施設であった。このイギリスからやってきた珍しい、まさにハイカラなスポーツは、この土地に住む「阪神間モダニズム」を担った富裕な資本家や中間層たちのもつ、新しいものを積極的に受け入れる気風にマッチした。

しかしながらこのゴルフ場は六甲山中に位置していたため、十二月から三月の間、雪のためプレーができなかった。そこで、一年を通じてプレーできるクラブとして、明治三十七（一九〇四）年、日本で二番目のゴルフコースが、神戸の近く、魚崎町横屋に横屋ゴルフ・アソシエーションとして誕生することになる。イギリス人貿易商ウィリアム・ジョン・ロビンソンの手になるものだ。しかしここも土地の賃借に関わる問題で、ほどなく大正二（一九一三）年に閉鎖に追いやられた。

そして次の候補地として、武庫郡鳴尾村に白羽の矢が立った。今の西宮市高須町である。ここはもともと鳴尾速歩競馬場とよばれた競馬場であったため、すでに芝が植えられていたことがゴルフコースを作るのに都合がいいという理由で選ばれたそうだ。それが鳴尾ゴルフ・アソシエーションである。

鳴尾ゴルフ・アソシエーション建設にあたり、ロビンソンとともに尽力したのが、銀行家の安倍成嘉とのちの日本人初のプロゴルファー、福井覚治である。福井は横尾ゴルフ・アソシエーションでキャディーをしていた。その福井の記憶による「工事中に皇太后崩御で工事が中断された」といった記述があり（「ゴルフ場の100年」『ゴルフジャーナル』二〇〇一年三月号）、これは大正三（一九一四）年、明治天皇妃・昭憲皇太后の薨去《こうきょ》を指している。この年に鳴尾ゴルフ・アソシエーションが完成したと、大正七年十一月十二日の記録がある。その記録によると、九ホールあったコースが六ホールに縮小された。この土地はそもそも鈴木商店の所有で、その鈴木商店の工場拡張のために三ホールが削られたという。

この鈴木商店は、当時の日本を代表する財閥、総合商社である。大番頭の金子直吉によれば、「戦乱（筆者注――第一次世界大戦）の変遷を利用し大儲けを為し三井三菱を圧倒する乎《か》、然らざるも彼等と並んで天下を三分する」ほどの勢力だったようで（加護野忠男「ニッポンの企業家、金子直吉」日本経済新聞、二〇〇五年十一月二十九日）、その商いは多岐にわたった。この鳴尾ゴルフ・アソシエーション建設の話があったころはまさしく絶頂期で、年商十六億円、三井・三菱をはるかに凌駕し、売り上げはなんと当時の日本のGNPの一割に達していたという。

ところで、大正九（一九二〇）年三月二十六日の神戸ゴルフ倶楽部の総会議事録には、「鳴尾はいつなくなるかも知れぬ……」という記録が見られる。ということは、逆にこの年までは鳴尾ゴルフ・アソシエーションは存続していたことになる。

このゴルフ場にもクラブハウスがあった。コースの北西部に岡田という人の屋敷があり、その奥座敷の、そのまた半分を間借りして、食堂とロッカールームを設けた。ふすまの向こうには岡田が暮らしていたというわけだ。しかしこのころになると経営も行き詰まり、ゴルフ場は閉鎖に追いやられてしまう。

その後、この鳴尾ゴルフ・アソシエーションの経営は鈴木商店に委ねられるが、先のロビンソンを中心として「鳴尾ゴルフ倶楽部」として再建される。大正十一（一九二二）年に岡田家の西側にクラブハウスの別館が建てられる。その建物の東南角にバーがあり、テーブルも二、いた。

四卓、椅子が十二、三脚あった。元の岡田家の奥座敷はロッカールームとしてまだ使用されていた。

大正十三（一九二四）年、コースは拡張され十八ホールになり、またその後、C・ミッチェル設計、松本組施工による洋風二階建てのクラブハウスが新設され、同十四（一九二五）年九月二十六日に落成式が開かれている。あの岡田家の奥座敷からスタートしてから数えて十一年目である。まさしく名実ともに東洋一のゴルフクラブとなってゆくのだが、例外なくここにも戦争の波が押し寄せ、昭和四（一九二九）年に閉鎖、軍用地として海軍に接収されることになる。その後、コースは現在の川西市に移転するも、名称は引き継ぎ、現在も名門として受け継がれている。

どうやらこのころ、岡西繁一と鍵澤正男が出会ったようだ。この鳴尾ゴルフ倶楽部が、サンボアの創業者と、その後のサンボア発展の功労者である堂島サンボア初代との出会いの場となった。

では、岡西繁一と鳴尾ゴルフ倶楽部とはどのような関係があったのだろう。当時のクラブ会員のハンディキャップ表も残っているが、どこを探しても岡西の名は出てこない。ビジターで来ていたのだろうか。それとも、大正七年以前、岡西ミルクホールを開業する前に鳴尾ゴルフ・アソシエーションの、かの岡田家の奥座敷で何らかの職に就いていたのであろうか。今となっては想像に頼るしかないが、少なくとも、ここで鍵澤正男が働いていたことは事実で、岡西もそこに勤めていたとしても、時期が重なることはなかったはずだ。しかし、出会いの場であったことは確かなようである。

創業者・岡西繁一《しげいち》

「中学生のころに会ったことあるけど、なんか『怖い』ってな感じの人やったなあ」と、現在の北サンボアの主人、大竹司郎は語る。終戦後、昭和二十年代の前半だと思われる。「とにかく店にはおらんかったみたいやで。よう遊びまわってたみたいやし、次々面白いこと考えてなあ。ワニ料理の店なんかもやったと聞いとるで。ワニが逃げ出して大騒ぎになったとか」

大阪キタにある「おくだバー」の主人、奥田俊一氏は、「とにかく遊び人やったそうや。お座敷なんかで芸妓の弾いている三味線を取り上げて弾いてみせたら、そらみんなびっくりするくらい上手かったそうやで」と語っている。大竹司郎が語るのとほぼ同じ時期のことだと思われる。

鍵澤時宗に言わせると、「相当なアイデアマンやったけど、何やっても続かん人やった。戦争時分には大陸へ渡って、なにやら、ややこしい物資を仰山持ち帰った」そうである。とにかく遊び人だったらしいことは、岡西を知る人が口を揃えて語っているところである。

大正七（一九一八）年、岡西繁一が神戸・花隈に岡西ミルクホールを興し、それがサンボアの前身であることはすでに述べた。

さて、この年に各地で米騒動が起こった。生活に困窮した富山県の主婦たちが、米問屋や資産家に詰め寄り、米を安く売るよう嘆願したことがきっかけで各地に広まり、やがて運動がエスカレートし、焼き討ち、打ち壊しなどの騒動が全国に拡大した。もちろん神戸も例外ではなく、鳴尾球場に程近い鈴木商店も焼き討ちにあった。鈴木商店は米も扱う総合商社で、鳴尾ゴルフ・アソシエーションに土地を提供し、のちに鳴尾ゴルフ倶楽部を運営するようになっていた。

こんな時代背景の中、しかもこの鳴尾からそう距離を隔てていない花隈で岡西ミルクホールが誕生し、のちにサンボアと改名し、ウイスキーを商うことになるのだが、もちろん当時は国産のウイスキーなどなく、お客さまに提供するのはスコッチウイスキー。神戸という土地柄ゆえ需要もあり、また舶来のものも多く入手でき、供給も可能だった。日本のバーは、ホテルか外国航路の客船のバーがその起源にあり、多くは神戸か横浜が発祥とされる。ただしスコッチウイスキーは高嶺の花で、平均的な給与所得者がとても口にできる代物ではなかった。

世間では米騒動が起こっていたこの時期に、いったいどういう人々がバーにやってきたのであろうか。とにかく当時のサンボアは、ごく限られた人々の社交場として位置づけられていたことは間違いない。

さて、岡西繁一である。出生地、生まれ年、家族親戚筋、何もかもが不明である。現存する鍵澤正男宛ての手紙から、岡西は名前を使い分けていたことがわかる。

オールドサンボアという店があった。戦後の昭和二十七（一九五二）年、岡西が大阪駅前の第一生命ビルに開店した。その際は「繁三」と名乗り、挨拶状を出している。差出人の住所は大阪市東住吉区田辺西ノ町六丁目一四―二となっている。

私は昔神戸から出發いたしまして大阪北濱でサンボアバーを營みごひいきに預かつていたのでありますが　この度オールドサンボアと名乗りまして大阪驛前に新築なりました第一生命ビルで再び開業いたすこととなりました　流轉の旅をつゞけまして十七年ぶりに天業に歸へれました私はこのことを深く感謝して居《お》るのであります　時代は變りましたが酒の世界は變つて居らないものと思ひます　なつかしい昔語りなどお聞かせ願へるものとたゞ樂しんで居る次第でございます
先ずは再開の御挨拶まで
昭和二十七年晩秋

岡西繁三
大阪驛前第一生命ビル地下一階
洋風酒場　オールドサンボア
電話福島七五一七五四番

先に書いた大阪市東住吉区の住所は、この書簡の収まっていた封筒にあったものだ。また、このオールドサンボアは二年も経たないうちに閉店している。そのときの案内状も残っている。これも紹介する。

閉店の御挨拶

謹呈
一昨年末第一生命ビルにオールドサンボアを開店いたしまして以來格別のお引立に預つてまいりましたが　この度當ビルデイング模様變えの設計上私のこのサンボアは新設される階段に當る事となりましたので一應九月十日を以て閉店させて頂く事になりました
過去二年に満たぬ短い間ではございましたが御厚情により過分に樂しい日々を送らせて頂きました事は今更に感慨深く御禮申上ます
ともあれ私の生涯は酒場と共にあり度き念願でありますので極めて近き日にこれを再開の豫定をいたして居ります何卒その節は相變らずごひいきの程お願いいたします
尚當分の間は昨年末神戸朝日會館に開店いたしました　そば屋一茶亭の經營を愛妻と共に専念いたして居りますから御來神の節又は日曜日など御家族づれで是非御立寄賜り度併せてお願いたします
先は右御挨拶まで

昭和二十九年九月八日

オールドサンボア
岡西芳伸
手打そば一茶亭
神戸市生田區浪花町
朝日會館あさひ小路
電話元町七三九一番

この手紙では「岡西芳伸」と名乗っている。「愛妻」とは前述した内川美佐子のことであろう。

他に「神戸市灘区永手町二丁目二五」とか、「神戸市灘区桜口町四丁目二四」とか記された住所のものもある。

繁一、繁三、それに芳伸。その前はどこに住んでいたのか、何も資料がない。推測するしかない。

先に述べた北サンボアの主人、大竹司郎の話の中で「ワニ料理の店なんかもやった」とある。さて、このワニである。言葉通り爬虫類の鰐であろうか。「逃げ出して大騒ぎ」とも、大竹は語っている。

岡山、広島の山間部を備北地域という。この地域ではワニ料理なるものを食すらしい。郷土料理と言ってもいい。ワニは「山間部の三次《みよし》ならではの郷土料理」とある（三次市観光公式サイト）。この地域でいうワニとは、どうやらサメのことのようだ。瀬戸内海より山陰に流通路が開けていた備北地域では、古事記に出てくる寓話「因幡の白兎」のころから、サメのことをワニ（和邇）と呼んでいたという。ワニ（サメ）の肉はその含有成分により食中毒を引き起こす原因となるヒスタミンの生成を抑え、そのうえ酸化しにくいことから海から距離のあるこの地域ではよく食されているそうだ。

岡西が爬虫類であるワニをさばいて料理していたのではなく、サメを使った料理を提供し、さらにそれをワニ料理と称していたのならば、岡西にとってワニ料理は馴染みのある料理で、自身の出生地の郷土料理を提供する店を経営していたとは考えられないだろうか。

岡西繁一は京都サンボアの創業者、中川護録《ごろく》をずいぶんと可愛がっていたふしがある。鍵澤正男の覚書によると「わしばっかり苦労させられた」とある。このあたりについては後述するが、鍵澤が長年、岡西のもとで苦労したのに比べると、中川は当時、北浜にあったサンボアで少しの修業期間を経て、京都での独立を許されたことは事実のようだ。

興味深いことに、中川護録の出身地は現在の安芸高田市向原町、三次の隣町である。当時の「地縁」というものには現代とは比べ物にならないくらいの深い繋がりがあり、それゆえの好待遇だったのか。さらにもうひとつ。岡西姓の多い都道府県は、広島県は奈良県に次いで第二位である。三位は大阪府で、兵庫県と続く。岡西が郷里を離れ、神戸に来たのは縁者が多くいたからなのか。岡西はさらに大阪へと移る。以上の手がかりから、岡西の出生地は広島県三次あたりではないだろうかと私は推測している。

大竹司郎の「ワニが逃げ出して大騒ぎ」という証言、これはどうだろうか。今でこそ、爬虫類のワニを食べる趣向の店はちらほらあるそうだが、その当時、それを食する習慣があったのだろうか。アイデアマンの岡西ならではの発想なのか。しかしそう考えるより、ワニ料理すなわちサメ料理は実際にあり、のちにワニという言葉だけが暴走したのかもしれない。まあこの点はこれ以上深追いしないことにする。ともかく岡西という男は、さまざまな商売に手を広げたようだ。

岡西ミルクホールをサンボアと改称した大正末期、元来遊び好きの岡西は、サンボアに集まる旦那衆とお付き合いするうちに、生活がだんだん派手になっていったようである。当時、サンボアに集まるお客さまはかなり生活に余裕のあった方々で、彼らと付き合うためには相応な元手が必要になったことは想像に難くない。現在で言うゴルフの付き合いとは、桁が違ったであろう。義太夫、常盤津、身の丈に合わない遊びを始め、とうとう店の経営が傾きはじめた。

こんなことをしていてはどうもいけないと、岡西繁一は大正十四（一九二五）年、大阪・北浜にもっと大衆的なバーを開こうと思いついた。北浜サンボアの誕生である。当時の住所では大阪市東区北浜二丁目、現在の中央区の土佐堀通りから堺筋を南に入り、一筋目を西に入ったところで、当時小川証券の所有していたビルの一階を借りていたようだ。その小川証券も今はない。

これが大阪でのサンボアの始まりである。神戸・花隈のサンボアは、当時エーカーメロン商会という貿易会社に在籍していた泉常吉《つねきち》が後を任された。新しい北浜店は藤井利一《としかず》を弟子に招いてスタートした。この藤井利一については後述するが、詳細については岡西と同様、ほとんどわかっていない。

当時、ウイスキー一杯五十銭、カクテル一杯四十銭で、一日の売り上げが八十円だった。大卒者の初任給が五十円の時代である。現在、大卒者の初任給が二十万円とすると、当時の五十円の四千倍、ウイスキーを今の値段で換算すると二千円になる。また、同じ食品で比べると、当時もりそば一枚十銭程度であるから、ウイスキーはその五倍、今ならそばが七百円とするとウイスキー一杯三千五百円になる。売り上げにいたっては、大卒者の初任給を基準とすると一日三十二万円、そばを基準とすると、五十銭のウイスキーを百六十杯売ったことになり、換算すると五十六万円である。

これでも大衆的なバーであるとしたら、察するところ、花隈のサンボアはいったいどのくらいの価格でウイスキーを売っていたのであろうか。百年後のサンボアを経営している者としては、ついこのような数字が気にかかる。今では夢のような話で、いずれにしても、かなりの繁盛店だったことは疑う余地はなさそうだ。

お客さまから頂戴するのも相当な金額だが、ウイスキーの仕入れもかなりの額になったはずである。その分店舗の賃料は安く、従業員の賃金ともなると、丁稚といった考えが一般的な時代であることから、想像するにずいぶんと安かったと思われる。

北浜のサンボアは開店してから七年ほどは順調だったようだが、岡西は花隈時代が忘れられなかったのか、そもそも人間とはそういうものなのか、またしても岡西の遊び心に火がついて、店の経営も傾き出した。この繁盛店を傾けるほどの遊び好きだったようである。結局、岡西は北浜のサンボアから追い出された格好になり、花隈と同時に泉常吉が店の面倒をみるようになる。このことがその後の泉の人生にとって重大な結末をもたらすことになるのだが、それはのちに譲る。

岡西繁一が生きたこの時代は、谷崎潤一郎の『細雪』の時代の少し前になる。『細雪』の主人公の四姉妹を取り囲む人物はみな一様に裕福であり、知識人とよばれる階層に含まれる人々である。実際には主人公たちの暮らし向きは徐々に斜陽となるのだが、かつての贅沢が忘れられない富裕層の人々の暮らしがよく伝わっている。この時代、そのようなお客さまにサンボアは支えられ、また岡西もそのような人々に囲まれていたのだ。

当時大卒者の初任給を勝ち得る人たちはごく僅かであったに違いない。本来、岡西もそうではない大多数の側の人間だったにもかかわらず、商売がうまくいった。目の前を通り過ぎる金額がかなりのもので、いわゆる日銭には事欠かなかったのであろう。そういう環境であれば、岡西に限らず自分自身とお客さまとの境界線が薄れていくのも珍しいことではない。富裕層のお客さまと一緒になって、売り上げと仕事に費やす時間を芸事にかけていたのではひとたまりもない。「お座敷なんかで芸妓の弾いている三味線を取り上げて弾いてみせたら、そらみんなびっくりするくらい上手」くなるためには、かなり投資したのではなかろうか。もちろん、私たちの業界の人間は、多少の趣味には通じているべきだとは思うが、岡西は度が過ぎていたようだ。

鍵澤正男と堂島サンボア

平成二十一（二〇〇九）年六月。堂島サンボアの三代目・鍵澤秀都から、興味深い資料を預かった。祖父である鍵澤正男のメモ、広告、新聞の切り抜き、手紙の数々……よくぞ残っていたものである。

それによると、鍵澤正男は明治四十四（一九一一）年十一月十八日、石川県石川郡河内村字板尾八一八（現在の石川県白山市河内町板尾）で生まれた。小松空港から東へ直線距離で二十キロ、最寄りの駅は北陸鉄道石川線鶴来《つるぎ》。ここは高樹のぶ子の小説『透光の樹』（文春文庫）の舞台となっている。

白山を源《みなもと》に、加賀平野を流れ下って日本海へと注ぐ手取川《てどり》が、左右に迫る山肌からするりと解き放たれて、陽光のもとでのびやかに両手を広げながら流域を大きくするのが、鶴来町《つるぎまち》だ。北陸鉄道石川線の加賀一の宮駅は、この町のほぼ真中にある。畑の中を走る単線を電車で三十分も北上すれば、金沢の犀《さい》川に近い野町駅に着くし、いまや車でも二十分の近さ、このところは金沢のベッドタウンとして人口を増やしているけれど、かつては白山への登り口として、また白山信仰の拠点として栄えた町だった。

鶴が来る、風切り羽根の音でも聞こえそうな町名は、白山をめぐる神話や民話が数多く残されている土地だけに、鶴が恩返しに来たとか、そんな類いのいわれでもありそうなところだが、鶴ではなく剣《つるぎ》、刀の剣から来ている。金劒宮《きんけんぐう》の門前町として発展した歴史があり、刀剣類も作られていたのが、町の名の由来となった（『透光の樹』）。

正男の生まれた村は鶴来町の奥、まさしく白山の山中、当時の地図上には道らしきものは見当たらない。三十七軒ほどの民家からなる、一年のうち半年は雪で埋もれているような寒村であった。鍵澤家はそんな寒村の中でも一番上手の石垣の高台にあった。鍵澤の先祖がこの地にやってきて、正男の父で三代目を数える。当時の暮らしを正男自身が書き残している。

家がうずもる（うずまる）くらい降り続けて　家の中に居ても　めきめきと音がたえ間なくする。屋根雪は下る（下ろさ）なければ大変な事になります　冬に入れば本当にあわ

れなものです　と―民（冬眠か）に居る食糧などは　いも　粟　そば　なんばきび　と―きび　米め（米）などはたべない
永い冬からやがて雪がとけ始めて庭の土の黒々とした処が見えはじめて居る頃のうれしかったものだ［括弧内は筆者注］

父の名は與次郎という。当時の與次郎についての資料は何も残ってはいないが、暮らし向きは厳しかったに違いない。與次郎は重大な決断を迫られていた。厳しいながらも住み慣れたこの村を出て、大正九（一九二〇）年、正男が九歳のときに家族とともに神戸に移り住む決心をしたのだ。雪深い田舎では、出稼ぎに出る者も多かった。しかし與次郎は、男手のない雪に埋もれた家に妻子を残して行くことはできなかった。

與次郎の名から察するに、正男の父は鍵澤家の次男であろう。この時代のこの国の風習としては、長男は家督を継ぐが、次男三男ともなればなかなか生活もままならないのが普通である。ましてやこの貧しい山間部の村、なおさらである。先祖代々暮らした土地を出ていくことは、次男の與次郎にとっては自然の成り行きだったであろうが、今とは違い簡単に行き来できるほど交通手段が発達しているわけもなく、ましてや妻と幼い子どもを連れてのこと、かなりの決意が必要だった。後戻りできるはずもなかった。

與次郎は大阪や神戸で奉公していたことがあり、移転先の神戸は比較的なじみのある土地ではあった。そのうえ兵役で台湾にいたこともあり、都会には幾分慣れていた。

しかし、時代は厳しかった。折も折、第一次世界大戦後の好景気も去ったのち、その反動で日本社会に経済的余裕はなかった。鍵澤家は五人家族。與次郎と妻の間には三人の子どもがいた。九歳の正男、四歳の時宗、そして二歳の妹コノである。神戸の経済を支えていた造船業もぱたっと火が消えたようだった。

ところが運良く、與次郎は不況にあえいでいた川崎造船に入社することができた。「屋台でもいい。『明治焼き』（筆者注――明石焼きか）でも売って家族を養おうか」とも思っていた矢先のことだった。日給が二円六十銭、残業も含めて月百円の稼ぎを得ることができた。計算上、当然かなりの残業をこなしていたことにはなるが、大卒者の初任給が五十円の時代に百円の稼ぎは破格である。現在の価値では四十万円くらいに相当する。世の中は不景気で、にわかには信じ難い金額である。

北陸の寒村から出てきた小学三年生の正男少年は、関西では北陸の言葉もなかなか通じず、友達もできない。父は働きづめで、幼い正男の面倒を見る時間も余裕もなかった。少年は学校から帰ると遊びに出かけることもなく、家に閉じこもるようになっていった。

さらに十歳のとき、正男に災難が降りかかった。目を患い、ほとんど視力を失いかけたのだ。八か月ものあいだ学校を休み、通院治療を余儀なくされた。医師から緑を見ることを勧められた正男はラグビーやクリケット、ホッケーをする公園でアルバイトをし、家計を助けていた。神戸には当時、そういった海外から輸入されたスポーツが根づく土壌があり、ハイカラな公園が存在したのだ。

しかしまたもや追い打ちをかけるように、鍵澤家に不幸が降りかかる。正男の視力が徐々に回復してきた矢先のことだ。母がこの世を去った。大正十（一九二一）年十二月十八日のことである。もともと神戸に移り住むのに大反対だった母のことを、「この地で苦労に苦労を重ねてきた。そのことが原因で、母は若くしてこの世を去った」と正男は記している。

苦労したのは母だけではない。働きづめの父もそうであったし、正男本人も見えなくなってゆく目を恨みもしたであろう。まだ幼い弟、妹の面倒も見なくてはならない。まだまだ甘えたかった母の死は、幼い正男の心に大きな傷を残したに違いない。当時、多感な正男少年は、相当に辛い思いをしたことだろう。だが長じても、不思議なことにこの苦労癖は正男についてまわるのである。

鍵澤正男が岡西繁一と知り会ったのはちょうどこのころである。大正十一（一九二二）年、鳴尾ゴルフ倶楽部に新設されたクラブハウスで働いていたころ、岡西繁一と出会った。前述したように、以前はゴルフコースに隣接した岡田家の奥座敷のそのまた半分を間借りし、そこをクラブハウスと称していたが、そのころになると岡田家の隣に、そう称するに恥じないクラブハウスが新設されていた。そこの食堂で働いていた十一歳の正男少年と岡西の運命的な出会いが、現在に至るサンボアの歴史に多大な影響を与えたことは間違いない。

正男は岡西に問われ、学校を卒業したら商売人になる決意を語った。花隈でミルクホールを経営していた岡西は、この少年の中に何か将来に繋がるものを見出したのであろうか。正男は晩年、メモに残している。

「この頃店を覗くと、風呂上りの芸妓たちの集会場のようになっていた時もあった。主なお客さまは、花街でお遊びになられる方々で、船員なども多かった」

「二三年頃、看板は金文字で『ＣＬＵＢ　ＳＡＭＢＯＡ』とあり、コーヒーのよい香りがしていたことを覚えている」

先の記述は岡西ミルクホールのころで、後者はサンボアを名乗るようになってからのもののようだ。サンボアを名乗ってからもコーヒーはまだ出していたのであろう。正男は、小学校の高等科を卒業すると同時に北浜のサンボアで働き始める。大正十五（一九二六）年三月二十六日のことである。鳴尾ゴルフ倶楽部での出会いから四年後、岡西がクラブハウスで働く正男をスカウトしたのだ。「おまえ、うちにきやへんか」と、一応正男の意思は尋ねたようだが、正男の父、與次郎とのあいだで話し合いがついていたらしい。

岡西繁一と鍵澤正男との出会いには、もうひとつ違う説がある。岡西が鳴尾ゴルフ倶楽部の飲料部門の責任者として働いていたというもので、そこにアルバイトとしてやってきたのが正男で、それが初めての出会いであったというのである。しかしこの説には無理がある。なぜなら、岡西はそのころすでに岡西ミルクホールを経営しており、二足のわらじを履いていないかぎり、この説は信憑性がないと思われる。

岡西の唯一の弟子ともいえる鍵澤正男のバーテンダーとしての人生が、このころから始まる。苦労に苦労を積み重ね、のちに百年を迎える日本では類を見ないバー・グループ、サンボアの礎を築くことになろうとは、当時十五歳の正男少年はもちろん想像もしなかったことであろう。

中川護録《ごろく》と京都サンボア

平成二十一（二〇〇九）年五月の末、京都を訪ねた。梅雨にはまだ早く、さわやかな季節である。しかも桜の見ごろもゴールデンウィークも過ぎ、比較的観光客が少ないころである。大阪のような京都の隣に住む者としては、もっとも魅力的な時期だ。

正月の初詣に始まって、梅、桜の季節、ゴールデンウィーク、葵祭、祇園祭、時代祭、紅葉の季節……京都には日本はもちろんのこと、世界中から人が集まってくる。そのうえ真夏は強烈に蒸し暑く、真冬は底冷えが厳しく骨身にしみる。観光客ならいざ知らず、大阪から一時間もかからない、いつでも来ることのできる者としては、とてもではないがそうした季節に京都を訪れる気にはなれない。だから、何もない二月とこの季節が、私は好きだ。

京都市中京区寺町通り三条を下がるところに京都サンボアがある。関西圏の人間は「上がる」「下がる」、「東入る」「西入る」でだいたい京都の地図を頭の中に描くことができる。しかし、関東の人には通じないことが多い。当然のことながら地図の上では上が北であるから、「上がる」とは北に向かうことで「下がる」とは南に向かうことである。さらに北に向かっての表現なので、「東入る」とは右に曲がることで、「西入る」はその反対。

河原町通りから三条通りを西に入り、寺町通りを南に下がった東側、すなわち左手に、古い平屋のバーがある。これが京都サンボアである。普通、「三条寺町下がる東側」で通じる。京都にある三軒のサンボアの本家筋にあたり、今は三代目・中川宏が切り盛りする。彼の祖父にあたる中川護録が京都サンボアの創業者である。

当初の予定では、木屋町サンボアにお邪魔したあと、この京都サンボアに出向き、後日の取材をお願いし、京都サンボアを早々に辞して祇園サンボアにも行こうと思っていたが、北新地や銀座でもお世話になっているお客さまと偶然出会い、マスターの中川宏も交え、あれやこれや当たり障りのない世間話を酔いに任せてしていたら、すっかり時間も過ぎ、祇園は後日と諦めた。

当初の目的を果たすため、後日の約束だけは取り付け、京都サンボアを辞そうとしたとき、面白いメモを見せていただいた。どうやらアサヒの缶ビールが入っていたと思われるギフトボックスの紙箱の厚紙に書かれた、中川英一《ひでかず》のものと思われる覚書だ。英一は宏の父にあたり、創業者の護録から京都サンボアを継承した中川家の長男で、京都サンボアの二代目である。この二代目も強烈な個性の持ち主で、またのちに登場していただくことにする。

そこに記された内容によると、明治三十三（一九〇〇）年一月一日、中川護録は広島県高田郡向原町、現在の安芸高田市向原町に生まれた。広島駅から三次に向かうJR芸備線に向原駅がある。向原高等小学校を卒業し、大正四（一九一五）年、十五歳で福岡県にある鶴原薬局に丁稚奉公に出る。その後、同十年に神戸の不二家食料店に就職する。どうやらこのときに、岡西繁一と出会ったと思われる。花隈にあったサンボアに出入りしていたのだろう、商売のことなどをずいぶん教わっていたようだ。このことは、小川香料株式会社の企業広報誌「サンダイヤ」の小川嘉治社長と、堂島サンボアの創業者、鍵澤正男の対談の中に出てくる。その後独立を果たし、大正十五（一九二六）年、洋酒食料品店中川商店を開業したが一年あまりで廃業。ここまでは「英一メモ」にある。

岡西にはずいぶん可愛がられていたようで、中川商店を廃業した護録に対し、

「『ほんならおまえ、北浜の店で辛抱して、だいたい要領を飲みこんだら京都サンボアの店をやるさかい、京都でやれ』と、岡西さんがいいよったんよ」

という鍵澤正男の証言が残っている。しかしここでひとつ疑問が湧いてくる。京都サンボアの開業年だ。最近になって大正十四年創業であるともいわれている。その根拠は一枚の挨拶状である。原文のまま引用する。

謹呈
京都に於ける洋酒々場の草わけとして一九二五年以来ごひいきに預りました河原町蛸薬師の店が終戦直前強制疎開になりましたので　とりあへず現在のところへ再開いたしましたが何分戦後のことゝて設備など誠にお恥しき状態をつゞけて居りましたのでありますこれを御心棒下さいました事はたゞく〱感激の外ありません
この度お蔭さまにて此の点を改装いたしましてどうやら一人前の酒場らしいものになりましたが　たゞ此の上とも相變らずの御引立により時代とさびの増されゆく永遠のサンボアに仕立あげ願い度ひたすらお願いたします次第であります
敬具
昭和二十八年七月二十二日
京都サンボア　中川護録
京都市中京區寺町通三條下ル
電話本②二八一一番

これによると、京都サンボアの創業は一九二五年、すなわち大正十四年ということになる。京都サンボアの創業年には二つの説がある。大正十四年と昭和三年。中川は当時北浜にあったサンボアで修業したと「サンダイヤ」にあるが、北浜のサンボアは大正十四年十二月十七日に開業している。そうすると中川の修業期間は二週間になる。一方、京都サンボアの二代目・中川英一の残したメモによると、創業者である父の護録は同十五年に中川商店を開業、翌年廃業している。したがって、そののちに岡西のもとで修業して昭和三年に開業したならば、修業期間は一年になる。いずれにせよ、鍵澤正男の苦労を重ねた年月に比べるとずいぶん短期間である。私は大阪の南サンボアで働いていたころ、鍵澤時宗から、京都サンボアは昭和三年に開業したと聞いている。

では、なぜ中川護録は、挨拶状の中で開業を大正十四年としたのであろうか。

「サンダイヤ」の対談では、岡西繁一が中川護録に「京都サンボアの店」を「やる」と言ったと鍵澤正男が証言している。その言葉が正しければ、岡西はすでに京都でサンボアを開業していたことになり、そしてそのサンボアを、言葉通り、中川護録に譲ったと考えられるので、二つの開業年があっても不思議ではない。

つまり、大正十四年に岡西繁一が京都に出店し、昭和三年にその後を引き継ぎ、中川護録が開業したという説だ。昭和三年は特別な年で、七月二十五日、護録にとって第一子、メモを残した英一が生まれている。少なくとも護録にとっての京都サンボアは、昭和三年開業ではないか。

とはいうものの、岡西繁一が北浜と同時に京都にサンボアを開業することには、少し無理があるようにも思う。もしかすると、大正十四年の暮れに開業した北浜の店より先に、京都の店が存在したのだろうか。

「サンダイヤ」の対談には、鍵澤正男のこんな発言もある。

「まあそのときは、中川さんに多少の資金を出したんでしょう。そんなわけで岡西さんに指導してもらってわずか二ヶ月ぐらいの間に独立したんです」。これが本当なら、大正十四年の独立は不可能であろう。

「資金を出した」とはどういうことなのか。前述したように大正十五年に中川商店を開業し、翌年廃業したのであるならば、少なくとも護録は昭和二年以降に開業したことになる。北浜での「数か月」を含めると、やはり京都サンボアの開業は昭和三年が妥当ではないだろうか。しかしこうなると、岡西繁一は大正十四年開業の京都の店を中川に譲ったのか、それとも中川が資金を融通してもらい、昭和三年に新規開店を果たしたのかがわからなくなる。

「ほんならおまえ、北浜の店で辛抱して、だいたい要領を飲みこんだら京都サンボアの店をやるさかい、京都でやれ」

と岡西が言ったとされる「京都サンボアをやるさかい」の「やる」とは、「譲る」という意味ではなく「京都サンボアをやる（出店する）」という意味かもしれない。

もちろん、「サンダイヤ」にある鍵澤正男の記憶も、中川護録の長男・英一の記憶も両方とも間違っており、護録が出した挨拶状が正しいという可能性がないわけでもないが、これはよくわからない。

京都サンボアの三代目、すなわち中川護録の孫にあたる現在のマスター、中川宏も、父・英一から京都サンボアの創業年は昭和三年と聞いている。木屋町サンボアの中川清志は、お客さまに出す挨拶状を間違うことはないだろう、覚書より挨拶状のほうが信頼できるのでは、と言う。この本を書くにあたっていろいろと資料を見たが、護録の挨拶状以外、そのどれも昭和三年になっている。また、岡西が北浜以前に京都にサンボアを持っていたことはどこにも記載されておらず、そのような話は聞いたこともない。私には判断しかねる問題である。当時（昭和二年から四年）の住宅地図のようなものを探したが、そのような地図は昭和三十年代以降のものしかないとのことで見つからなかった。問題の昭和三年をまたいだ地図があれば一目瞭然なのだが、それも叶わなかった。現時点において京都サンボアの創業年は不明、もしくは二つの説があるというところで止めておく。この問題は後世に譲ったほうがよさそうだ。

開業当時、すなわち大正十四年もしくは昭和三年、この京都サンボアは中京区河原町蛸薬師東側にあった。京都丸善があったところだ。戦時下の昭和二十年八月五日、店の裏にある立誠小学校を火災による類焼から守るため、京都サンボアは家屋疎開を余儀なくされた。家屋疎開とは、重要な建物を類焼から守るために、その周辺の建物を壊すことである。戦火も激しくなる折、もはやこうなっては京都に残る理由もなく、中川護録は京都を逃れ、生まれ故郷であり父の郷里である広島に向かうことにした。

汽車での移動は空襲の連続で遅々として進まず、しばしば停車することになる。軍港であり、造船所のあった呉が激しい空襲に遭った。翌六日、ようやく広島の三つ手前の安芸中野駅

（現在の山陽本線の安芸中野駅は広島駅から四つ手前で、三つ手前は海田市駅。それは広島駅の一駅手前に天神川駅が二〇〇四年に開業したためである）まで来たが、そこでとうとう身動きできなくなってしまった。しかし、先を急ぐ護録にとってはそれが幸いした。午前八時十五分、広島の中心地に原子爆弾が投下されたのである。

戦後、三条通りから寺町通りを下ったところに建てた仮店舗のような店に戻って、京都サンボアが復興した。その後、一九五三年七月二十二日に、前述した挨拶状の通り、新築開店を果たしている。ここから戦後の京都におけるサンボアの歴史が新たに始まるのである。中川護録の運命も、京都サンボアの運命も、広島の中心地に着く手前で汽車が止まらなければ、まったく違ったものになったであろう。いや、現在、京都サンボアは存在しなかったかもしれない。

移転後の店の外観（提供：京都サンボア）

北浜サンボアの岡西繁一と鍵澤正男

大阪・北浜にサンボアが誕生したのは、大正十四（一九二五）年の暮れ、十二月十七日のことだった。

岡西繁一が神戸・花隈のサンボアより大衆的で馴染みやすい店を作ろうと考えての出店である。岡西、夫人の徳枝、それに弟子として藤井利一の三人が勤めており、神戸・花隈の店には当時、貿易会社であるエーカーメロン商会に勤めていた泉常吉を迎え、彼に経営を任せて新天地を大阪に求めたのである。

その翌年の三月二十六日、十四歳の鍵澤正男が見習いバーテンダーとしての第一歩を踏み出したのが、この北浜サンボアである。前述したように、同年に京都にもサンボアがあった可能性も否定できないが、中川護録も北浜で短期間修業した。岡西から「北浜で要領を飲みこんだら」と勧められている。

このころ大阪には仏蘭西屋（ふらんすや、フランセとも）くらいしかバーらしい店はなかったと、晩年に鍵澤正男は述懐している。仏蘭西屋は大阪のミナミにあった。御堂筋を南に、道頓堀川を渡った左手に、東側のはり重というすき焼き店と並んで営業していた。

北浜サンボアの開店当初は外国人客が多く、会社帰りの客はほとんどいなかった。洋酒自体が珍しく、また高級なものであったのだろう、海外生活を経験したような人たちでもなければなかなか利用する人はいなかった。それに引き換え、神戸は港町でもあり、外国人や外資系の会社員、花街で遊ぶ旦那衆も多く、店も賑わっていた。

北浜には証券取引所があり、当時は東京より取引高も大きく活況を呈していた。開店から三年ほど経つと、やっとこの街のいわゆる株屋連中が後場の終わるころ来店するようになり、次第に夕方になれば会社帰りのサラリーマン、八時を過ぎると船場の旦那衆が集まる店になっていった。

大阪の人はよく、キタとかミナミとか言う。これはまったくもって漠然とした言い方で、梅田を中心とし、北新地の南にある堂島川までのエリアをキタ、難波を中心としたエリアをミナミと呼んでいる。またキタとミナミは接しているわけではない。キタのエリアから南に大阪市の政治の中心、中之島、その東に証券取引所や証券会社が並ぶ北浜、さらに南に下り、オフィス街・本町、繊維問屋街・船場と続き、ミナミと呼ばれるエリアになる。キタやミナミはいわゆる歓楽街である。大正、昭和の初期の段階までは、経済的規模では大阪が東京を上回っていた。その中心が、金融の北浜と、大阪商人の町・船場である。「船場」は大阪にとって特別な町である。江戸時代より商家の町「天満」「北」「南」と比べても別格、絶対の地位を保ち、大阪の者はそれを暗黙のうちに了解していた。「船場ことば」というものがある。隣町の島之内のことばとは違っていたようで、船場の「とうさん（娘さん）」が島之内ことばを使うことは船場の商家では疎まれた。水商売の多い島之内を下に見ていたのであろう。現在は私のような大阪に住む人間でも、その区別はまったくつかず、良し悪しは別として、ひとつの文化が消滅した。

鍵澤正男は北浜にサンボアが開業した当初、土日はまだ鳴尾ゴルフ倶楽部に勤めていたが、少しずつお客さまが増え出したころからはサンボアに専従することになった。お客さまの中には映画関係者や文士もいて、岡田時彦、鈴木伝明、芥川龍之介、谷崎潤一郎や佐藤春夫も贔屓にしていた。喜劇俳優であり演出家でもあった古川緑波もよく通っていたようだ。

古川緑波は「エノケン（榎本健一）と並びコメディアンの黄金時代を築き、『声帯模写』のパイオニアと言われた」人で、明治三十六（一九〇三）年、東京・麹町に男爵家の六男として生まれた。早稲田大学在学中に菊池寛に招かれ、文藝春秋の「映画時代」の編集に当たる。また徳川夢声らと浅草で劇団「笑の王国」を立ち上げ、エノケンと並ぶ喜劇界のトップスターになった。その後東宝に入社、喜劇俳優のみならず、評論、演出、脚本も手がけた。戦前、戦中、そして戦後を通じて喜劇界の重鎮である。

これは古川緑波の『ロッパの悲食記』（筑摩書房）の著者紹介を適宜引用したものだが、この本の中にサンボアが次のように登場する。

谷崎潤一郎先生が、兵庫県の岡本に住んで居られた頃である。（中略）

先生が「これから大阪へ出て、何か食おうじゃないか」と、誘って下さって、岡本から大阪へ出た。（中略）

結局、宗右衛門町の本みやけへ行って、牛肉のヘット焼を食おうということに話が定って、円タクを拾って乗る。

谷崎先生は、円タクを途中で止めて、「一寸待ってて呉れ」と、北浜の、サムボアという酒場へ寄り、「赤い葡萄酒一本」と命じて、やがて葡萄酒の壜を持って来られた。

谷崎潤一郎は、花隈の「岡西ミルクホール」時代からの馴染み客だった。この「本みやけ」では「ヘット焼き」なるものを食べている。「本みやけ」はステーキをはじめとする牛肉料理を提供する店で、現在も営業している。「ヘット焼き」とは、古川緑波によると「オイル焼と言ったか、手っ取り早く言えば、油炒めであるが、ジャガ薯だの、カブなんかも入れて、ジュージュー焼いて、大根おろしで食わせたのは、東京としては珍しかった」とある。

『古川ロッパ昭和日記』(晶文社)にもサンボアが登場する。初めて出てくるのが昭和十三年三月十五日、北野劇場の公演で大阪に来たときに、「ハネて屋井とサンボアでウイをのむ」とある。

「屋井」は仕事仲間で「ウイ」とは「ウイスキー」のことであろう。この日を境に、戦前編だけでも三十か所以上にわたりサンボアを見出すことができる。東京にいるときは、銀座のルパンで飲むことが多かったようだ。行きつけの店がどうやら決まっていたらしい。「ハネて、又サンボア」などとある。

また「サムボアで、上等ウイのキャメオを少々のみ……」という記述もある。

この「キャメオ」、今となっては、グラスゴーに存在したスコッチウイスキーの瓶詰め業者としかわからないが、昭和五年から十年ごろのバー、カフェでの価格表に見ることができる。

平成二十八（二〇一六）年末に多くの酒徒に惜しまれながら閉店した銀座八丁目のボルドーに残る価格表では「カメヲブランド」とあり、二円五十銭で提供していたようだ。当時の大卒者初任給から計算すると、一杯六二五〇円になる。ロッパはこの「キャメオ」を痛飲している。

ロッパは谷崎に連れられてサンボアを知ったのだろう。『古川ロッパ昭和日記』では、昭和十三年三月十五日から翌年七月二十三日までは「サンボア」と表記しているが、同年十月五日からは「サムボア」と変化している。その理由は定かではない。

「ヘット焼き」については『昭和日記』でも「本みやけでは、ヘット焼を食ったが、その昔、谷崎潤一郎先生にごちさうになったのを思ひ出すのみ、その感激はない」（昭和十三年五月二十四日）とある。

「トミヤサロン」という店も出てくる。大阪のミナミにあり、「此処はサムボアに次ぐよさだ」と記されている。私たちにとって誇らしくもあるが、この「トミヤサロン」、おそらく「登美《とみ》屋《や》」というバーに違いない。ここは戦後「フミヤ」として復興するが、南サンボアの鍵澤時宗が一時期、主人の桜井かをる氏に請われてチーフバーテンダーを務めていた。

さて「サンダイヤ」の中に、岡西繁一の人柄を垣間見るエピソードが残っている。鍵澤正男の証言である。

「何かあると、岡西のおやじは私にあたったもんですわ。商売がうまくいかないといっちゃポカン、お客さんと話が合わないといっちゃポカン……。あとでニヤニヤ笑うて『堪忍せいよ。』という調子や。何かのときに、私が腹をたてておやじの頭をなぐったら、おかみさんがおこってね。『少なくとも、岡西の番頭であるのに主人の頭をなぐるとは、どうしても堪忍できない。おやじもおそらく許さないだろう。ときをみて私が考えるさかいに、いっぺん出て行け』と、えらい剣幕でどなりおるんや。一生懸命あやまったけど、しょうがないので荷物をまとめ、『悪いことしました。ほんなら帰ります。』というたら、おやじ、ニコニコと笑うて、『バカヤロー、おれ。』そのままや（笑）」

とも語っている。

人間的には「ええところ」もあるが、「お天気屋」で、「心あったかいという感じはなかった」ようである。

船場の旦那衆がぼちぼちとサンボアに集まるようになり、株で荒稼ぎした相場師も来店するようになった。こうして商売がうまくいくようになると、元来遊び人である岡西はまた派手に遊び出したようである。昭和七（一九三二）年四月、鍵澤正男が大阪輜重兵《しちようへい》（今で言う兵站部）として入隊、同年五月に満期除隊して北浜に帰ってきたころには、すっかり店は傾いていた。問屋や債権者が店に押しかけ、岡西は居留守を決め込み、五日十日（「ごとび」といい、五と十がつく掛け取り、すなわち集金の行われる日のこと）にはわざわざ本当に留守にする始末。正男のような奉公人には対応できず、当然のことながら信用もされなくなっていった。

鍵澤正男はすっかり嫌気がさしていた。こつこつ親爺の言うとおりに働いていても、これじゃあ将来に希望がもてない。普通なら丁稚奉公は徴兵検査までと相場が決まっていて、正男の歳にもなると一人前の給料が支払われて当然である。それどころか親爺の借金の言い逃れに汲々としているようでは、将来に希望がもてなくなっていた。中川護録はさっさと京都に店を構えている。正男は岡西にもサンボアにも嫌気がさしていた。

「どうして、いつも貧乏くじばっかり引かされるんや」

焦っていた。そのころ、正男は二十歳になっていた。

北浜でのこと

平成二十一（二〇〇九）年六月。梅雨。この時期の大阪は湿気と暑さで大変である。そんな折、かねてよりお願いしていた資料が届いた。堂島サンボアの現在のマスター、鍵澤秀都がわざわざ実家に帰り探し出してきてくれたもので、祖父にあたる鍵澤正男や、秀都の父である二代目・鍵澤正が残したメモや、書きかけのサンボアの歴史、また新聞の切り抜き、手紙、またはそのコピーなど、よくもまめに残しておられたと感心するほど、今となっては貴重な資料だった。

その中の新聞の切り抜きのひとつに、照葉《てるは》の死亡記事と、彼女の写真が出ていた。照葉の横には瀬戸内寂聴が写っている。

前々から照葉のことは、鍵澤時宗から聞いて知っていた。時宗はこう回顧している。

昔、宗右衛門町に「照葉」いう芸妓がおってな、そらたいしたべっぴんやったそうや。まあ、気位も高うて、みんな競うて水揚げしようとしたらしい。大阪だけやのうて、東京や九州やいろんなとこからの話や。それでもどんな男にも見向きもせなんだそうや。そしたら酔っ払うたある金持ちが「なんぼ照葉や言うて偉そうにしたかて、所詮女や。こんなこともでけへんやろッ」とばかりに、道頓堀に向かって立小便や。照葉もな、「阿呆らし。男のくせして。そんなことしか自慢でけへんのんか」と着物の裾まくって「ジャー」とやったらしい。まあ、一筋縄ではいかん女やったそうや。それがや、北浜に来ていたうちのお客さんにころっと惚れて、水揚げしてもろうて、嫁はんになってな、そのお方も剛毅なもんや、二人して世界一周して、全財産みんな使うて破産したそうや。

平成六（一九九四）年十月二十二日の朝日新聞夕刊記事の切り抜きには「高岡智照《たかおかちしよう》さん死去」とある。そこにはこう書かれている。

芸者、相場師の妻、映画女優…と波乱の前半生を経て仏門に入り、瀬戸内寂聴さんの小説『女徳』のモデルになった京都・嵯峨野の祇王寺庵主、高岡智照（本名橋本智照）さんが（中略）祇王寺の自宅で死去した。（中略）

一八九六年、大阪で生まれた。十二歳で大阪の花街、宗右衛門町のお茶屋に入り、翌年、「千代葉」の名で舞妓に。十四歳の時、恋人だった船場の若だんなに浮気を疑われ、潔白のあかしにかみそりで左手小指を切り落とし、一躍有名になった。

事件後、東京・新橋に移り、「照葉」と改名。売れっ子芸者として政財界人と交友を深めた。一九一九年、大阪に戻り、北浜の相場師と結婚、アメリカでの生活も経験した。しかし、六年後に離婚し、女優、神戸の芸者、酒場のマダムなどの職を転々とした。

三四年、三十八歳の時に「黒髪があるから迷い、流転の淵をさまよい続けてきた」と、奈良県橿原《かしはら》市の久米寺で得度。三六年七月、祇王寺（真言宗大覚寺派）の庵主になった。

鍵澤時宗から聞いた照葉のことだ。この照葉についてサンボアのお客さまだった山崎忠治氏（平成二年七月逝去）は、自身の思い出とともに綴っている。

わたしを初めてサンボアへ連れて行ってくれた人、小田末造氏の事もサンボアの歴史とわたしを語るのに欠かせたくない。（中略）当時は株屋の玄人で確か布施市（筆者注——現在の東大阪市）にあったと思うが、帝国キネマと言う映画会社の社長でもあり、その時代に中々のモダンボーイでハンサム、当時南で有名なお茶屋富田屋や大和屋などで毎日豪遊していた有名な人であった。この小田氏がある時、当時の日本でも代表的な名妓「照葉」

という芸者を突然数万という金で身請けしアメリカへ洋行、世間を騒がせ、サンボアの客仲間でも随分話題になった。男気のあった人でその後事業が行き詰まってからでも毎日サンボアに姿をみせ、最後の死に花を咲かそうと大東亜戦争で南方ニューギニア方面で戦死されたと聞く。（山崎氏直筆の文章のコピーより）

新聞記事の「北浜の相場師」とはこの小田末造氏のようだ。瀬戸内寂聴の『女徳』では木田庄三となっている。千代葉は千代菊、照葉は千竜、智照尼は智蓮尼に置き換えられている。

花街に売られるようにして来た千代葉は歌舞伎役者に恋をした。置屋の女将の仲介でその役者への片思いも、ほんのひと時ではあるが成就した。つかの間の恋はすぐ終わったが、歌舞伎役者との思い出は、肌身離さず持っていた手鏡の中に写真として残っていた。

また恋をした。相手は船場の若旦那。今度の恋はうまくいっていた。彼女も若旦那を惚れ抜いていた。十二歳で売られてきた自分、そしてそこで生きてゆかなければならない自分。だからこそ、若旦那との恋が続くことに執着した。事実、うまくいっていたが、これも長くは続かなかった。

何かの拍子に大事にしていた手鏡が割れ、彼女自身も記憶の遠い彼方に置いてきた歌舞伎役者の写真が、若旦那の目に触れてしまったのだ。役者のことなどすっかり過去のものとなっていた彼女は、必死になってすがった。花街に売られてきた少女が沈められた苦界の中に差した一条の光明、初めて味わった幸福な二人の生活をつなぎ止めようとした少女が、嫉妬に狂う若旦那に対してとった行動は突飛なものだった。

自身の身の潔白、若旦那に対する誠を証明するために彼女が思いついたのは、自分の左手の小指をカミソリで切り落すことだった。しかし、そんな激しい彼女に恐れをなしたか、若旦那は彼女の元を去ってしまった。この話が新聞沙汰となり、皮肉にも千代葉を有名にした。

時宗の記憶、山崎氏の記憶は、事実とは少し時間的にズレがある。大正八（一九一九）年に照葉は小田氏と結婚している。この当時、サンボアはまだ神戸・花隈で岡西ミルクホールと名乗っており、北浜にはサンボアは存在していない。その六年後、すなわち大正十四（一九二五）年になって北浜にサンボアができた。ちょうど二人が離婚した年である。『女徳』には、小田氏と照葉は協議離婚したとある。

この小説の中の登場人物、木田庄三は千竜を伴ってフランスに渡っている。当代一の芸者と名を馳せた千竜は渡仏の飾り物、仕事相手の接待役としては都合がよかった。千竜もしがらみだらけの日本が嫌になっていた。ちょうど二人の思惑が合致したのである。しかし木田の予想を超えて千竜は社交的すぎた。次々と男を作り、そして捨てた。奔放な彼女は女性も愛した。木田のほうもまた千竜をパリに残し、ひとりアメリカに渡り浮名を流していたにもかかわらず、異常なまでの「へんねし」（大阪弁で嫉妬、または嫉妬深い人の意味。「嫉妬する」ことを「へんねし起こす」と言う）であった。そんな彼は、千竜を精神的にも肉体的にも追い詰めた。

しかし、これは小説の木田の話で、実際の小田氏そのものの実像を描いたものかどうかは定かでないが、高岡智照自身が書いた自伝『花喰鳥――京都祇王寺庵主自伝』(かまくら春秋社)にも、おおよそそのように書かれている。照葉に出ていかれ、事業に失敗したその後も北浜に通い、彼女の思い出を語っていたのを、メモを残した山崎氏が聞いていたのだろうと思われる。鍵澤時宗の話は千代葉のときか照葉のときか、いずれにしてもその伝え聞いた「伝説」と「北浜の客」がいい具合にロマンティックに脚色されてきたのであろう。

その当時、大阪は栄えていた。その金融の中心地、北浜には化け物のような相場師も集まっていたようだ。

「大阪城、なんぼすんねやろ?」

本気でそんなことを思いつき、大阪市にかけあった男が、翌年には無一文になる、こんなことは珍しくもなかったようで、北浜のサンボアは連日そんなお客さまで賑わっていた。中之島にある大阪市中央公会堂もそんな相場師の一人、岩本栄之助の寄付で明治四十四(一九一一)年に建築が計画され、大正七(一九一八)年に完成している。しかし当の岩本は相場に失敗し、公会堂が完成する前、同五(一九一六)年に自殺して果てた。

その後、岡西の放蕩により、苦労して築き上げたサンボアがあっという間に傾きはじめた。本当に苦労をしたのは鍵澤正男と、花隈を任された泉常吉であった。

泉常吉《つねきち》の功績

泉常吉について、今では語る人はあまりいない。サンボアの中でも知らない人のほうが多いのではないだろうか。というより、忘れ去られた人物と言ったほうがいい。しかしサンボアにとってはまことに大きな役割を果たした、サンボア初期のまさしく最大の功労者と言っても過言ではないほどの人物である。

岡西繁一が神戸・花隈の店を出た。というより、ほとんど追い出されたようなものだった。仕事に身が入らず放蕩が過ぎた岡西には居場所がなくなったのである。その後を任されたのが泉常吉である。当時、サンボアに出入りしていたエーカーメロン商会に籍を置いていた。サンボアの事情にも明るかった泉が抜擢されたのであろう。鍵澤正男も苦労したが、泉も岡西のために大変な苦労をさせられた。花隈の店を任され、さらにそのうえ傾きかけている北浜の店も引き継いだのだ。

当時、泉は神戸と北浜間を自動車で行き来していた。鍵澤正男のほうはもうとっくに岡西に嫌気がさして、とうとうサンボアを出てしまう。昭和七（一九三二）年七月、自暴自棄になった正男は、その後、大阪・天神橋にあったキャバレー有明に勤め、また、父・與次郎の紹介もあり、北浜二丁目にあった、大橋祥介氏の経営する喫茶店にも勤めた。

ところが、そんな生活をしている正男を見かねた苦労人の泉に、「鍵澤はサンボアのはじめからの子飼いなんや。そないなキャバレーなんかウロウロするんだったら、おまえは三の宮の店を受け持て」(「サンダイヤ」)と勧められ、渋々サンボアに戻ることになる。この泉の一言がなければ、今の堂島サンボアも南サンボアも存在しなかったに違いない。いや、サンボア自体もどうなっていたか想像もつかない。

この三宮にあったサンボアは、昭和八(一九三三)年十二月二十二日、三宮そごう百貨店の地下に泉が「設備」をし、利益は岡西と泉が「分担」するといった共同経営の形を取り、出店したものである。「設備」「分担」といった用語は正男による。北浜の店を追い出されたような格好の岡西にも「いくらかの収入を」という配慮で共同経営にしたことになる。いわゆる初期投資を泉がしたうえに、そこから上がる利益を岡西に分け与えたのである。しかも五〇パーセントである。

店を投げ出すような岡西であっても、泉は捨て置くことができなかったのか。それとも泉にそうさせるだけの魅力が岡西には備わっていたのか。いずれにしても泉は苦労が絶えない。実際には、岡西はまたしても三宮の店には出ず、雇われマスターの鍵澤正男と泉の姉婿と正男の妹コノとで切り盛りしていた。泉もずいぶん岡西には泣かされたことになる。

その泉常吉が急逝した。交通事故だった。昭和十二(一九三七)年七月二十二日のことである。北浜からタクシーで花隈の店に向かう途中だった。このときのことを鍵澤正男は「サンダイヤ」でこう回顧している。

「泉さんにはずいぶんと世話になっていたし、信頼もしていた」

「戦地に行くとき、『おまえの店はおれが預かる。帰ってくるまで、ちゃんと面倒みてやるから安心してお国のために尽くしてこい』と、いってくれたんです」

同年の七月十七日、正男は日中戦争に出征したが、戦地から何通手紙を書いても返事が来ない。「薄情や」と思っていたころ、翌十三(一九三八)年一月五日、泉が事故死したという新聞記事が戦地に送られてきた。戦地にいる正男への配慮から、半年の間、みんなで伏せていたそうだ。

その後、北浜の店は大竹金治郎に受け継がれる。大竹金治郎はアデモース(鍵澤正男の弟・時宗からの口伝え、正男の長男・正の文章にもある)という貿易会社にいた。北浜に出入りしていた洋酒の輸入会社だったが、大竹は昭和十二年十月から北浜のサンボアを引き継ぐことになった。

大竹はもともとサンボアにはよく出入りしていた。当時の洋酒を扱う会社は強烈な売り方をしていたらしい。高度経済成長期にはよくあったもので、バーをある種、特約店として位置づけるのである。サントリーバー、ニッカバー、オーシャンバーといったものである。大阪にはデュワーハウスといったスコッチの会社名を店名に取り入れた店や、ジョニーウォーカーの専売店のような店もあった。

大竹の場合、鍵澤正男の話によると、「たとえば一軒の店を作るのに三千円かかるとするでしょう。それをドーッと貸してくれよるわ。(中略)その代わり、大竹さんいうたら、ブランデーとかリキュールとかを三千円なら三千円分だけ持ってくるんですわ。何十箱いうて。それを九十日で金にせい、いうんです。そしたら、それぱっかり売らんならんでしょ。とにかく九十日の間に現金にしてくれさえすれば、今後なんぼでも送るというわけや。だから、そこの商品しか売れないわけですわ。（中略）他のメーカーのもの、よう売らへん」（『サンダイヤ』）といった商売方法だったそうだ。

その大竹が、北浜のサンボアを継ぐことになった。当時まだ幼かった泉常吉の子どもを、成人になるまで養育することがその条件だったと伝え聞いている。その後、戦時中に北浜のサンボアは家屋疎開に遭い、バックバー（瓶棚）とカウンターの一部を持って戦火を逃れた。それが戦後、大阪・お初天神に甦ることになる。成人した泉の子どもの行方は定かではない。

このころから、鍵澤正男、中川護録、大竹金治郎が、岡西繁一の残したサンボアを継ぐことになった。その後、これらの家系を継ぐ者、またその家系で修業を積んだ者が現在のサンボアを名乗ることになる。またその次の枝分かれが現れたのは、最近のことである。

現在のサンボアを語るにあたって、この泉常吉はなくてはならない存在である。こののちにも私たちの記憶に留めておきたい人物である。

中之島、そして堂島へ

先に述べた三宮店出店の一年前、岡西繁一は昭和七（一九三二）年に大阪・中之島（大阪市北区中之島二丁目六〇番地）にも出店を果たしている。神戸・花隈（大正七年）、大阪・北浜（大正十四年）、京都（大正十四年、昭和三年から中川護録が経営か）、中之島（昭和七年）、三宮（昭和八年）と、約十五年間で、神戸、大阪、京都の三都にわたり五店（四店とも）も出店していたことになる。

しかし、岡西は作ることはしても長続きせず、どれもそれぞれ縁のある者に押しつけるような形で譲り渡している。花隈と北浜の店は泉常吉に、京都は中川護録に、三宮は名目上のオーナーは岡西と泉ではあるが、店には出ず、実際は鍵澤正男がマスターを務めていた。そして、のちに正男が中之島の店を岡西から譲り受けたのは昭和九（一九三四）年十二月である。したがって、三宮は一年足らずで廃業したことになる。どの店も後続に譲ると、それを機に岡西自身は中国大陸に渡っている。北京飯店に勤めていたとも聞いている。鍵澤正男の弟・時宗によると、「なにやら、ややこしい物資を仰山持ち帰った」そうだ。帰国後、岡西はまた大同鉄鋼という鉄鋼関連会社を立ち上げたが、やはりこれも続かず倒産している。

さて、この中之島の店である。平成二十一（二〇〇九）年に建て替えのために取り壊された、フェスティバルホールやグランドホテルが入っていた朝日ビルディングの南側の土佐堀川（正男のメモでは中之島川とある）のほとり、シーホースとかエルトモーターといった堂島川や土佐堀川を遊覧した、いわゆるボート屋があったところに建てられた。

中之島の店は昭和九年に鍵澤正男が買い取った。開店には三千七百円の金が必要であったが、その前年に結婚も果たし、所持金は千八百円しかなかった。父・與次郎にも相談するが、二、三日がかりの説得もむなしく反対され、親類に無心するも「なにぶん二十三歳の青二才、信頼されなかった」が、「しゃにむに開店に努力」した末、どうにか自分の店として独立を果たし、「実にこの上なき思ひでいっぱい」であったと、当時の思いを回顧しメモを残している。

前にも触れたが、正男は十五歳で岡西繁一に弟子入りしてから苦労の連続だった。気分屋の師匠のもとで、店の借金取りにも追われた。岡西に嫌気がさし、一度はサンボアを飛び出したこともあった。

昭和初期の貨幣価値を参考にすると、一円が今の二、三千円くらいだといわれている。現在の金額で一千万円近い資金が必要であったことになるが、それはともかく五百万円ぐらいの元手はあったことになる。一時期、従業員としてまともな扱いを受けることもなかったと当時を振り返っているが、それにしてはかなりの額の蓄えがあったことになる。少ない給金で倹約に努めた結果であろうか。

その苦労は、大きな喜びとなって正男に返ってきた。本当の意味で自分の店を持つことのできた正男の思いは、想像するに難くない。さぞかし感慨深いものであったことだろう。その半面、バー経営の難しさも知る正男には、大きな希望を胸に抱いたと同時に、それ以上の不安もよぎったことだろう。昭和九年は正男にとって、そんな年の瀬であった。

やはり不安が的中した。正男は自分でも言うように運がなかった。この中之島の店は、昭和十一（一九三六）年七月に阪神電鉄の土地買収のために立ち退く羽目になるのだが、同年同月に、大阪・堂島に早々と移転が決まり、再開している。運がいいのか悪いのか、いずれにしても正男はその運に振り回された。

このあたりのことについては、鍵澤正男が自らメモを残している。その当時の思いが強くうかがえるので紹介したい（読みやすいように明らかな誤りは訂正し、改行や追い込みを適宜施した）。

大阪中の島店　自営開店
昭和九年十二月九日　現在のアサヒフエステバル南側浜辺
（当時ここに中央郵便局が有った、南門の前）
サンボアの中でも一番よい店で有ったと思ふ
うら側は土佐堀川湖畔　上手ダム　川向こうは大同生命ビル　川下って肥後橋
日本家屋一戸も見えず、川の流れも清らかで　魚も沢山居たものだ
現在とは想像も付かぬもので有る
日本一と云ってよい酒場で　しかも自分の店でこれほど感激したものはない
物産（筆者注――三井物産）のお客さまが多かった　時の支店長向さん　向様の車が店の前に横付けにされると　何人一人店に来て呉れず　こまった日もあった

中之島時代のサンボアと初代・鍵澤正男（提供：堂島サンボア）

此の店当時のお金四千参百円也　大半借金で出来た店
その頃は信用も有った　自分の預金壱千八百円也で　正月は二日の日から初商売をしたものだ

だんだんと繁盛して満一年目に三分の二の借金を支払った
親父の反対をおし切って造った店で意地もあった
幸い成功で有難く思った　親父も安心したものと見え残りの借金も払って呉れた

十年四月二十八日長男誕生　益々張り切って商売にはげんだ
年の暮頃より立退問題が始まり　運の無きもの　いたし方ないもの　二度と出来ない日本一の酒場みれんはあれどやむなき
当時不破福造様の世話にて阪神電鉄の売伸と承り　条件を伝えてもらい　阪神社長今西与三郎様　御言葉を信用して堂島に替わる。
時の話では十三ヶ月内に建て元のサンボアにして返す約束であった件を美かん地区で許可ならず無コー駄目

堂島サンボア開店
昭和十一年七月二十四日（天神祭の日）
現在毎日会館北側中央
（その頃弟もこの商売をのり気になっていた）
親父はこれも反対で　兄弟で同一の仕事はいけないとの意見
とかく堂島店は初てなく自信も出来て居た
お客さま方の応援も有る　中の島開店当時とは心つよいものにみちて居た

ぼつぼつ栄えて行く頃　満一ヶ年目
支那事変の為応召　時一二年七月七日
（ひにくな運命で又一年目）

正男自身は「運の無きもの」と嘆いてはいたものの、中之島より少し北、現在の堂島アバンザ（当時の毎日新聞社）の南、北区堂島一丁目五〇番地に落ち着き先が決まっていた。運が良いとしか思えないが、やはり運が悪かった。
昭和十二（一九三七）年七月十七日、正男は日中戦争に出征した。堂島移転の一年後である。さあ、これからというときである。泉常吉から「おまえの店はおれが預かる。帰ってくるまで、ちゃんと面倒みてやるから安心してお国のために尽くしてこい」と言われたのがこの店である。

店の業務は、正男の実弟に当たる鍵澤時宗に任せた。時宗はまったくの素人で、それまでは理髪店に奉公していた。見よう見まねというか、お客さまからいろいろ教わりながらの出発だったという。そのうえ、「ちゃんと面倒みてやる」と言ったはずの泉が正男の出征したなんと五日後に、北浜の店から花隈に行く途中、タクシーで交通事故に遭い急逝した。泉常吉こそ、岡西繁一とサンボアに人生を翻弄された、本当に運のない男であった。

昭和十三（一九三八）年、洋酒の輸入が止まっていた中でも、時宗はなんとか少ない商品で兄の店を守っていた。昭和十六（一九四一）年二月に正男が除隊、「売る物がないのに、兄弟二人してサンボアにいる必要がない」と、時宗は石炭の配給をしていた浪花商事に勤めに出るようになる。

兄が帰ってくるまで、素人ながら必死の思いで守ってきたこの店も、昭和十八（一九四三）年、強制家屋疎開で取り壊されることになった。火災に遭ったとき、すぐ北にあった毎日新聞社の社屋を類焼から守るための措置であった。苦労を重ね、心血を注ぎ、やっと築き上げた夢を、国策とはいえ、いとも簡単に潰されてしまう。これは何も正男だけが味わった不運ではなく、京都の中川護録も同じ目に遭った。こんな話は日本中にあったことであろう。そういう時代であった。

そんなこともあってか、鍵澤時宗は私によく言っていた。

「戦争が終わって、天皇がＧＨＱの車に乗せられて大阪にも来よったんや。わしなんかからすると、『何が天皇じゃ。あんたのせいでみんなえらい目に遭わされたんや』って、思ってたんやけど、警棒みたいなん持った黒人に囲まれてな、車乗ってはる天皇さん見たら、勝手に涙がボロボロ出てきよった」

兄の苦労を知り、兄のいない間に必死の思いで守ってきたにもかかわらず、あっさりと家屋疎開で取り壊された店のことを思ったのかどうかは、定かではない。

戦時下で「サンボア」は敵性語とされ、改名を求められていた。最初、「参望亜」と書いて、そのままサンボアと呼んでいたが、これでは同じだと許可されず、結局「三都」として営業していた。三都とはもちろん、神戸・大阪・京都のことである。

二　戦後の再出発

終戦、そして戦後

中川護録は、生まれ故郷の広島に疎開する目的で汽車に乗っていた。空襲のため幾度となく汽車が止まった。ついに広島の手前で動かなくなった。そして原子爆弾投下。広島が「ヒロシマ」になった。疎開がもう一日早ければ、汽車が止まることなく進んでいれば、その後のサンボアも変わっていたことであろう。

焼け残った京都に戻ってみると、戦時中、米軍から攻撃を受けることなく、被害も少なかった。敗戦色が濃厚になってから、東京や大阪が想像を絶するような空襲を受けたことに比べれば、京都はその煉獄の業火に晒されることもなかった。京都のもつ古都としての価値を十分に知る米軍の余裕の表れである。

ともかく京都は残り、京都サンボアは再開される。中川護録とともに被爆することなく生き残り、現在の寺町に再興を果たした。前述したように、終戦直前の八月五日に家屋疎開に遭って蛸薬師の店が取り壊されたために、現在の寺町三条下ルに移転して営業を開始した。昭和二十年、終戦直後のことである。それは現在の建物とは違い、当時は急場しのぎの粗末なものであった。

一方、北浜の店は、家屋疎開により戦火を免れたカウンターの一部とバックバー（瓶棚）とともに、昭和二十一（一九四六）年十二月、現在の大阪市北区曾根崎、通称「お初天神」で知られる露天神社《つゆのてんじんしゃ》の東に北サンボアとして再開する。

初代・大竹金治郎（提供：北サンボア洋酒店）

北浜の店主、泉常吉が花隈の店へタクシーで帰る途中、事故死したことは前に述べたが、昭和十二（一九三七）年十月、その跡を継いだのが大竹金治郎である。

明治三十六（一九〇三）年三月六日、愛知県豊橋市で生まれ、中学を卒業した金治郎は、横浜にある貿易会社アデモースに奉公に入る。横浜から日本全国に酒を販売し、北浜のサンボアにも出入りしていた。今でいう外資系である。前述したように、アデモースのような商社は、バーを開業するにあたり、その開業資金を貸し付け、そのかわり自社の商品を販売させ、その利益を回収し、三か月で開業資金を返済させる、といったやり方をしていたらしい。そのバーは自然と他のメーカーの商品を売ることができなくなり、いわゆる特約店のようになってしまう。今では考えられないような話で、店舗にかかる費用の安さに対して洋酒がとんでもなく高く、それと連動してバーでの売り値も相当高額であったと推測できる。現在では三か月の売り上げで店一軒は、どう考えてもできそうにない。実に巧みなやり方で金治郎も商いをしていたようだ。

昭和十二（一九三七）年十月、その金治郎が泉の跡を継いだ。そして戦後、先に述べたように、北浜からお初天神に北サンボアと名前を変え、サンボアが帰ってきた。

鍵澤正男のメモには、「大竹氏は現在のお初天神に、終戦第一号サンボアを建設開店」とあり、その後に、「続いて新地サンボア　藤井利一氏　現在の（君牡丹）（筆者注——当時あったバーのこと）　昭和二十四年閉店　新地店は終戦後引き上げてきた、兄き、藤井利一が開業して居た」と記されている。藤井利一は、岡西繁一が北浜にサンボアを開店した当時に弟子入りした人物であるが、鍵澤正男は長男なので、妻の兄であろうか。そのことを堂島サンボアの現在のマスター、鍵澤秀都に調べてもらったが、親類関係には見当たらないとのことであった。単に正男は仕事上の先輩を「兄き」と表現したのであろう。

鍵澤正男は昭和十六（一九四一）年二月、日中戦争から帰還していた。その三年前には洋酒の輸入が止まり、同十八（一九四三）年に強制家屋疎開のため、当時堂島にあったサンボアは取り壊されていた。そして終戦を迎え、同二十二（一九四七）年五月二十四日、休業していたサンボアを、大阪市北区堂島中一丁目四四番地に堂島サンボアとして再興する。再開当時はバラックだった堂島サンボアも、同三十（一九五五）年十一月に木造二階建てに改築し、現在に至っている。

かつて北新地の中に毎日新聞社があった。大毎地下とよばれたこのビルの地下には、今ではあまり見かけない二本立ての映画館があったのだが、その後、堂島アバンザという高層ビルが建った。その少し南に、堂島サンボアの二階建ての一軒家が佇んでいる。平成二十六（二〇一四）年には大阪市から「生きた建築ミュージアム」に選ばれた。その二階は鍵澤家の住まいであり、正男の娘・登美子は嬉しくて、その窓からよく下の通りを眺めていたと聞く。波乱に満ち、運命に翻弄された鍵澤正男が最後に落ち着いたのがこの堂島であった。その登美子はのちに石本憲義に嫁ぐが、正男にとっての義理の息子であるこの石本も堂島サンボアにバーテンダーとして勤めていた。長身で痩軀、無口なバーテンダーだったが、私にはいろいろ話を聞かせてくれた。

先述したように、戦前、大阪ミナミに登美屋というバーがあった。『古川ロッパ昭和日記』には、この登美屋は「トミヤサロン」という名で登場する。戦時中に堂島サンボアを守り続けた鍵澤時宗は、登美屋のオーナー桜井かをる氏に請われ、戦後「フミヤ」と改名したこの店のチーフバーテンダーとして雇われていた。この登美屋とそのオーナーの桜井氏については、のちほど詳しく触れることにする。時宗がそのフミヤを二年で辞し、大阪市南区久左衛門町二一番地に南サンボアを開業、独立を果たしたのは、昭和二十六（一九五一）年十一月三日のことである。

当時の古いマッチが残っている。いわゆるコマーシャルマッチである。SAMBOA BARと書いたマッチボックスの裏面には、堂島サンボア、京都サンボア、北サンボア、南サンボアと四軒が並び印刷されている。南サンボアは少し出遅れたが、戦後はこの四軒がサンボアのその後の歴史のスタートとなる。そこには神戸の名はない。

さて、再び創業者の岡西繁一である。中国大陸で怪しげな仕事に就き、怪しげな物資を持ち帰ってきたことは、鍵澤時宗の話の中でも述べた。帰国後一時、大同鉄鋼を立ち上げるが、やはりこれも廃業した。このころになると、闇市がひしめき合う大阪駅の周辺に、少しずつではあるが高層ビルが建設されるようになってきた。そのなかで昭和二十七（一九五二）年晩秋、当時としては大阪で一番の高層ビル、第一生命ビルヂングの地階に、岡西はオールドサンボアを開店する。

が、それも長続きしなかった。昭和二十九（一九五四）年九月八日、大阪地下街にあった空港専門大店との地下での貫通のために、場所を譲ったのである。オールドサンボアはマルセ

堂島サンボア、京都サンボア、北サンボア、南サンボアの四軒が載った古いマッチ

（市場）と改称し、空港専門大店に経営を移し、残っていた。だから、岡西も店を残そうと思えば可能だったのではないか。しかしやはり二年足らずで、飽きたのだろうか。オールドサンボアの開業にあたっては、その挨拶状に「流転の旅をつゞけまして十七年ぶりに天業に歸へれました私はこのことを深く感謝して居るのであります」と高らかに宣言していたのだが……。

それより前、オールドサンボアを閉める前年の昭和二十八（一九五三）年、岡西は神戸・三宮の朝日会館の地階にあるあさひ小路に、一茶亭という蕎麦屋を開業した。この店は長く続いた。実際は連れ合いが切り盛りしていたからであろうか。その岡西が京都の中川護録に「お前のところは息子が仰山おるんで、神戸にサンボアを復活させたらどうや」と誘っている。それも、同じあさひ小路にである。護録は、のちに京都・寺町の京都サンボアを継ぐことになる英一を筆頭に、英治、滋夫、志朗、健作、誠、清志の七人の息子に恵まれていることもあり、その話に乗って昭和二十七（一九五二）年、神戸サンボアを復活させる。サンボアにとって神戸の地で再開することは、まさに「復活」と言ってもいい慶事だったに違いない。

しかしながら中川護録は、開業後一年半でこの店を鍵澤時宗に譲ってしまう。昭和二十九（一九五四）年、いわゆる造船疑獄のころである。

神戸の街も造船業とともに景気が浮沈した。造船疑獄とは、朝鮮戦争休戦のあおりを食った造船業界に対する、銀行融資の利子を軽減するための法案、外航船舶建造融資利子補給法を巡っての政・官・財界の贈収賄事件である。吉田茂、鳩山一郎、佐藤栄作、池田勇人といった、総理大臣またはのちの総理大臣たちが関与し、佐藤にいたっては、逮捕直前に犬養健法相による指揮権発動で逮捕見送りになった、日本を揺るがす疑獄事件であった。

そうした世情を背景に、神戸サンボアは鍵澤時宗が経営することになるが、昭和二十九年十一月、店名をコウベハイボールと改称してしまう。その思いは、改名の挨拶の文言に凝縮されている。

謹呈

この度神戸サンボアを解消いたしましてハイボールスタンドを新設いたしました
このハイボールスタンドとは現在デフレ下の世相を考慮いたしまして一杯サントリーハイボール一〇〇圓店であります　その他のものも格安品を探し出しまして至極御安値に召上って頂くのを主義といたし度いと存じて居ります
あへてサンボアを名乗らぬことはサンボアの行く道は永遠に變へたくない為でございます
右の次第よろしく御了解くださいまして御宜傳等御配慮に預かり度いものとお願いする次第であります

昭和二十九年初冬

鍵澤時宗　大竹金次《ママ》郎　鍵澤正男　岡西芳伸

神戸ハイボール　神戸朝日會館あさひ小路　電話元町④七三九一番

この挨拶状では、時宗らと連名の岡西繁一の名は「芳伸」とある。

京都の中川護録が神戸サンボアを手放すにあたり、サンボアの暖簾は降ろしてはならないとの考えにより、堂島の鍵澤正男が継ごうとしたという話も聞いた。しかし、この名称変更の挨拶状の差出人の筆頭は鍵澤時宗であることから、経営は中川から時宗に渡ったことがうかがえる。その後、前述した河村親一に託すことになる。実際にカウンターには、時宗の妻三四子《みよこ》の弟、藤本数一が立っていたという話も聞いた。

時代はずっと下って平成二（一九九〇）年、コウベハイボールはテナントとして入居していた神戸朝日会館とともに姿を消すことになるのだが、その当時のバックバーはお客さまのご厚意で四年間倉庫に保管され、正確には四年間で三回も倉庫を転々と移動した。最初は大阪の守口市、天満、最後は兵庫県三田市。今は私の経営する大阪・北新地サンボアで神戸の面影を偲ぶことができる。

ともかく、戦後になって、本家筋といえる創業者・岡西繁一の関係するサンボアは消滅したのである。

南サンボア誕生

鍵澤時宗は、出征した兄・正男に代わり、素人ながらも堂島サンボアを守ってきた。「師匠はお客さまや」と時宗は生前よく語っていた。何から何までお客にうるさく言われ、叩き込まれた。その道の師匠はいなかったが、それが時宗のバーテンダーとしての始まりである。

その経験が、のちに兄の経営する堂島サンボアとはちょっと色合いの違う南サンボアを作り上げた理由のひとつかもしれない。もちろん、几帳面で生真面目な兄と、どこか適当で大雑把な弟といった本人同士の性格の違い、堂島と大阪ミナミという土地柄の違いも大きく反映していることは言うまでもない。昭和二十六（一九五一）年晩秋、時宗は独立し、南サンボアを開業した。

その前の二年間、鍵澤時宗は、戦前に「登美屋」と名乗り、戦後「フミヤ」として復興したバーにチーフバーテンダーとして勤めていたことはすでに触れた。

そのフミヤは昭和五十五（一九八〇）年七月まで、大阪ミナミ、御堂筋周防町にあった。現在もミナミの水かけ不動や織田作之助の『夫婦善哉』で有名な法善寺横丁を西に出たところに、同名のバーがある。カウンターバー「２３８」。昭和二十三（一九四八）年八月創業ゆえに「２３８」。矍鑠とした老バーテンダーとそのご子息が営んでおられる。酔客は「フミヤ」と呼ぶが、時宗のいたフミヤとは関係がない。

大阪のバーについて語られるときに必ず出る店は、フミヤ、吉田バー、サンボア、そしてこの三軒と何かしら関係のある店が多い。フミヤは大阪・北新地（ミナミからスタートしている）酒司にむらの二村吉男氏（平成十一年没）、東京・銀座ポワロの根木富三男氏（平成十九年没）、大阪ミナミの men's bar FUKU の福永久雄氏（平成二十六年没）などを輩出している。酒司にむら、ポワロはすでに閉店しているが、men's bar FUKU は現在の宗右衛門町に移転後、福永久雄氏の甥、雅彦氏が経営している。

戦後、時宗の時代はピーナッツくらいしか食べるものを置いていなかったフミヤに、いわゆるバーフードを持ち込んだのが二村氏だった。彼の持論は、「これからはバーテンダーもフライパンくらい振れなければいけない」というものだった。二村氏はその思いを自身の店、酒司にむらに反映し、二村氏の去った後も、フミヤはその考えを受け継いでいた。

根木氏は神戸ステーキの東京出店に同行し、レストランのバーで勤めた後に独立、フミヤのスタイルを継ぎ、神戸ステーキで覚えた技術と仕入先を店に活かし、「ステーキ&バー ポワロ」と名乗った。福永氏も同様にその流れを継いでいた。時宗はというと、せいぜい缶詰を開けて皿に盛るくらいだった。いや、それで十分だと思っていたのであろう。

フミヤのオーナーは桜井かをるといった。晩年、墓相学に凝ったあげく出家し、あっさり店を閉めてしまった。そして福永氏が最後のバーテンダーとなった。その桜井氏に請われるかたちで時宗が入店、戦後のミナミに登美屋を改名して、バー「フミヤ」が誕生した。

時宗は昭和二十六（一九五一）年十一月三日、待望の南サンボアを旗揚げした。現在、西心斎橋とよばれている場所である。開店の挨拶状には時宗に先んじて、北サンボアの大竹金治郎、兄であり堂島サンボアの創業者・鍵澤正男が言葉を添えている。

正男の實弟、鍵澤時宗が今回左記に於て、さゝやかな洋酒、酒場を開店致しました。お奨めする酒、酒場の氣分、本人の腕等につきましては、我々両名が充分に注意して、決して御客様方に御不満をお與へする事はないと信じて居ります。北に於て我々に賜はりました御愛顧同様に、何卒南の「サンボア」にも精々御運び下さいますよう、切に御願ひ申し上げます。

昭和二十六年十一月吉日

大阪市北区曾根崎上二丁目一四番地
北サンボア　大竹金次郎《ママ》
電話堀川㉟三六四五番
大阪市北区堂島中一丁目四四番地
堂島サンボア　鍵澤正男

このころから、独立に際し、後見人を立てるような挨拶状の原型ができたのであろうか。これはサンボアに対するこだわりが感じられる文面である。サンボアを引き継ぐ者の責任、引き継がせるものの責任、そういったものが感じ取れる。

鍵澤時宗は、兄・正男が店を構える堂島から離れたミナミに店を構えた。現在、ホテル日航大阪が御堂筋の西側に沿って建っているが、その南角を西に入り一筋目をさらに南に行った左側、久左衛門町に開業を果たした。戦後復興した四軒目のサンボアは南サンボアと名乗った。兄とは違ったユニークな時宗の性格からすると、いわゆるサラリーマンの多いキタより、商売人、旦那衆の多いミナミのほうが性にあったのかもしれない。

この南サンボアは、時宗と妻の三四子の弟、藤本数一がカウンターに立った（数一は昭和二十九年よりコウベハイボールに移る）。非常に狭い店で、カウンターだけの十二、三席だった。ドアを開けると縦長で、緩やかな弧を描いてカウンターがあり、その奥に階段があった。店の二階には時宗夫妻が暮らしていた。ここで、のちのサンボア・ザ・ヒルトンプラザ店のオーナー菊川（旧姓鍵澤）康子と南サンボアを継ぐことになる鍵澤和子の姉妹が生まれ、育っている。

南サンボアは昭和三十五（一九六〇）年九月十五日、大阪市南区畳屋町三七番地に移転することになる。この畳屋町という町名、今では行政が地名を、心斎橋筋、東・西心斎橋と改名してしまったが、つい最近までミナミの筋にはこういった名前がついていた。鍛冶屋町、笠屋町、玉屋町、炭屋町などがそうで、この界隈は手工業が盛んだったことがうかがえる。

心斎橋筋を大丸百貨店から南に下り、最初の信号が周防町である。ここを右に曲がると例のフミヤがあった。そのまま心斎橋商店街を行くと洋菓子の不二家が見えてくる。この道が八幡筋である。そこを左、すなわち東へ曲がって次の筋との中間あたりの左手に南サンボアが移転した。最初は二階建てで、ここでも二階は時宗たちの住まいだった。私が働き出したころには

久左衛門町時代の南サンボア。（左から）藤本数一、初代・鍵澤時宗、常連客の面々（提供：南サンボア洋酒店）

すでに建て替えられ、サンボアビルになっていた。

元の久左衛門町の店は、サントリーを経由して木村與三男氏に渡り、「キーポイント」と屋号を改めて再開することになる。木村氏には数多くの著書があり、『カクテール大全』などバー業界に大きな足跡を残した。その後、與三男氏の息子・道朗氏が跡を継いだが、平成十八（二〇〇六）年に店を閉じた。

閉店すると聞いて私は、時宗の足跡を目に焼きつけておこうと行ってみた。ここにあった南サンボアの様子は当時のままであると聞いていた。キーポイントはずいぶん前に一、二度行ったきりであったが、道朗氏は快く迎えてくれた。当然道朗氏も、父がこの店を譲り受ける前はサンボアであっ

久左衛門町時代の店の様子（提供：南サンボア洋酒店）

たことはご存知で、戦後まもないころから続くバーの幕引きには相当な覚悟があったであろう。そのさばさばした表情の中に、言い知れぬ寂しさと多くの思いが交錯するのが感じ取れた。このバーは最後まで時宗の作った当時の面影をどこか残していた。当時の写真からそのことが窺い知れる。このころの写真は、南サンボアとサンボア・ザ・ヒルトンプラザ店に飾られている。

南サンボアは、昭和四十四（一九六九）年から、藤本数一の息子であり、時宗にとっては義理の甥である藤本和之が入店、その後、昭和四十九（一九七四）年には中岡栄一が入店する。

関西バー協会

興味深い書状が出てきた。堂島サンボアの三代目、鍵澤秀都から預かった古い資料の中にあった、サンボアの創業者・岡西繁一から堂島サンボアの初代・鍵澤正男に宛てたものである。関西バー協会から岡西に宛てた会合の通知に対して、欠席の意向とバーに関する持論を述べている。消印は昭和三十三（一九五八）年七月十日、会合の日付は同年七月十三日となっている。

（前略）さて、バー協会も創立以来はや七年との事、もうここらで同業親睦会的な存在を切上げて、商売繁盛のための事業をやる必要があるのではないかと思はれます。今後益々安ハイボール屋がふえて、日本人の健康を害して行く事でしょうが、ここでバー協会メンバーの良心を世に知らしめる事は何よりも急であるものと思ひます。しかして、区別された存在を認識してもらふ事です。会員も広く全国的に適任者を求め、名称も当然日本バー協会と云ふ様なものに変更されなければなりません《その時には日本バー協会の母体たる関西バー協会章（盾）はほこらしいものでしょう。》

以下の目的のための方法として機関誌を発行する事が最も効果的であると思ひます。（中略）費用は広告費と思へば一軒当たり毎月二千円程度なら負担できるでしょうし、そのほかは各メーカーに大きい協力を頼めば出来るものと思ひます。

この担当者としては協会には中田君、吉田君、道田君と云ふ様な適任者が多いことも又力強いものと思ひます。

要は本格なものが益々発展するためには会員一体となって努力することです。

このままでは　味噌もくそも色別されなくなる時代が来るのではないかと案じられま

す。御一同によろしくお伝へあり難し（あれば有難し）
七月十日
岡西繁一
鍵澤正男君

中田君はミナミの仏蘭西屋、吉田君はミナミの吉田バー、道田君は北新地の田中バーのそれぞれオーナーである。

バーテンダーの組織は、昭和四（一九二九）年、日本バーテンダー協会（ＪＢＡ）が東京で発足している。会長は荻野直寿、副会長は高橋顧次郎であった。昭和十二（一九三七）年には関西支部が発足、首都圏以外で初めての支部が設立されている。支部長は藤生和邦で副支部長には佐々木永助が就任した。その後ＨＢＡ（ホテルバーメンズ協会）、ＡＮＢＡ（全日本バーアソシエイション）とＪＢＡが統合し、新しくＮＢＡ（日本バーテンダー協会）が結成されることになる。

したがって、日本バーテンダー協会の誕生は、岡西のこの書状よりかなり古いことになる。岡西、もしくは関西バー協会の会員は、その存在を知らなかったのか、ＪＢＡが東京中心の地域的な存在だったのか、はたまた、独自の路線を模索した協会だったのか。現在でも、国際バーテンダー協会（ＩＢＡ）は、一国にひとつの組織しか認めていないが、実際にはＨＢＡも存在し、これはＮＢＡと歩調を合わせているが、他にも、銀座を中心にいくつもの同業者の団体があると聞く。

当時の岡西たちの関西バー協会は、そういった集まりのひとつに過ぎなかったのであろうか。ただ京阪神で有数の老舗が集まっていたことは事実である。とにかく岡西には、当時のバーの行く末を案じて、協会の活動をただの親睦会から脱却させ、業界発展のための組織を創りたいという思いがあったようだ。

手紙の中に「機関誌」とあるが、会員から名簿を集め、校友会の名簿なども参考にして郵送しようとしている。その内容は、各店でお客さまに頼んで文章を投稿してもらうといった旨の記述がある。前に紹介した、明治から大正にかけてカフェなどで盛んに発行されていた文芸誌のようなものを作ろうとしていたのか。サンボアの名前の由来である「ザムボア」を懐古していたのであろうか。

この手紙の中に出てくる関西バー協会章（盾）については、懐かしい思い出がある。コウベハイボールをこよなく愛する又野氏という方がいらっしゃった。だいぶ年配でお体も少し不自由であるにもかかわらず、ちょくちょく、しかも遠路はるばる兵庫県の垂水から北新地サンボアにいらしていた。本当にバーが好きで、なかでもコウベハイボールが大好きだった方である。

又野氏と北新地サンボアを繋いだのが、バックバー（カウンターの後ろの瓶棚）である。かつて、このバックバーはコウベハイボールにあったものだ。平成二（一九九〇）年にビルとともに潰され、廃棄されるはずだったところを、人を通じてオーナーの河村親一氏に頼んでもらい、譲っていただいたのである。私が北新地サンボアを開業し独立するまでの四年間、このバックバーは倉庫を転々と渡り歩いた。お客さまのご厚意で、無料で倉庫を貸していただいたのだ。又野氏はどこかでこのバックバーのことを知り、またコウベハイボールを懐かしみ、ご来店いただくようになったのである。

ある日、又野氏は一枚の写真を私に見せ、そこに書いてある文字が読めないかと尋ねられた。その写真には見慣れた形の木製の置物が写っていて、また見慣れた文字が書いてあった。

KANSAI BAR ASSOCIATION

それは、私が修業した南サンボアにも、また堂島サンボアや北サンボアにもあった、例の盾である。台の部分の真ん中に窪みがあり、本来なら真鍮製の、司祭が持つ十字架のようなものを立てかけるようになっているが、それはなかった。文字は「花文字」といわれるアルファベットの装飾文字で確かに読みづらい。私は見慣れていたのでそれが何かすぐにわかった。さらによく見ると、その写真に写っている盾の台座の部分に、持ち主であろう人物の名前が彫ってあった。それがなんと、

S. OKANISHI

と刻印されている。とんでもないものが見つかった。先に紹介した岡西が鍵澤正男に宛てた

岡西繁一の手紙に出てくる関西バー協会章（盾）。上は堂島サンボアに飾られている盾、下はサヴォイ・オマージュに飾られている盾（本来あった真鍮のクロスがない）。S. OKANISHI と彫られている。

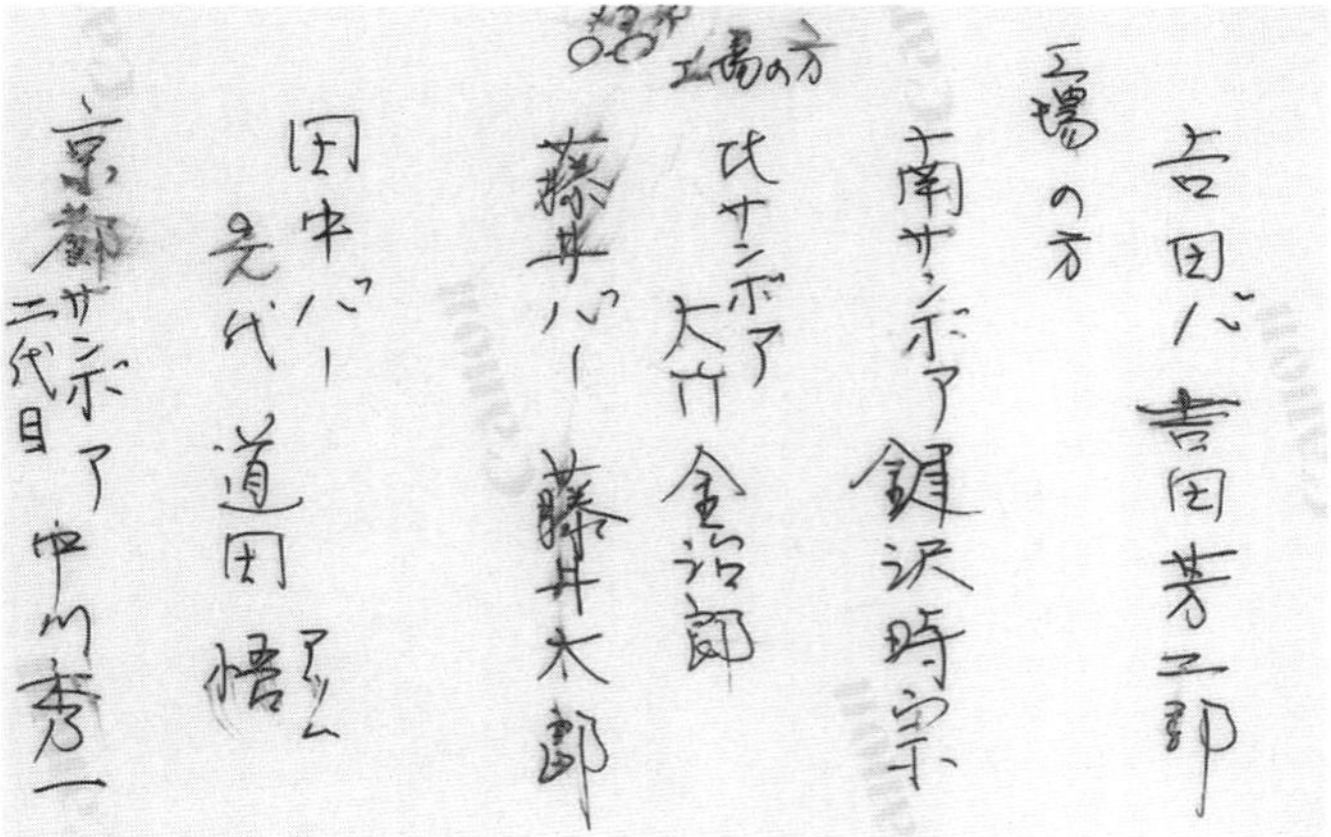

関西バー協会のメンバー（裏面に書かれているため、人名の左右が逆。中川英一を秀一と誤記）。サントリー山崎蒸留所にて（提供：サンボア・ザ・ヒルトンプラザ店）

手紙にもある、本人も「ほこらし」く思っていた、あの盾である。しかも、サンボアの創業者自身が所有していたものである。

神戸に「サヴォイ」というバーがある。創業者は故・小林省三氏で、進駐軍のバーでバーテンダーとして働き始め、神戸でサヴォイを立ち上げた有名なオーナー・バーテンダーである。現在、氏の思いを引き継ぎ、木村義久氏がカウンターを守っている。私は小林省三氏とは面識がなかったが、木村氏にはずいぶん親しくしていただいている。かなり年下の私に対しても、本当に丁寧に話をしてくださる、私の尊敬するバーテンダーのひとりである。

そのサヴォイの支店にあたる店、サヴォイ・オマージュに勤めているバーテンダー、森崎和哉氏が、三宮のガード下の骨董屋で偶然その盾を見つけ、店の飾りになるのではと思い、買い求めたそうだ。後で聞いた話だが、二千円の値がついていたものを千五百円に値切って求めたらしい。しかし買ってはみたものの、そこに書いてある文字も英語の花文字で、何が書いてあるかわからず、又野氏に尋ねたのだが、なにぶん特殊な文字なのでわからず、それで私のもとにやってきたというわけだった。

「新谷さんが取りに来るかも知らへんで」

又野氏が森崎氏に忠告されたらしいが、いまだに実行に移していない。そのうちいただきにあがる予定だ。もちろん、写真のことである。

北サンボアの大竹司郎

お初天神。正式名称を露天神社という。大阪に住む者にとってはお初天神のほうが耳慣れている。その由来は、堂島新地天満屋の遊女お初と、内本町の商家平野屋の手代徳兵衛の悲恋の物語にある。当時、社の裏手に天神の森があり、そこで二人は心中を遂げた。元禄十六（一七〇三）年のこの事件を、近松門左衛門が人形浄瑠璃『曾根崎心中』として発表した。「此の世のなごり。夜もなごり。死にに行く身を、たとふれば、あだしが原の道の霜」で始まり、「未来成仏うたがひなき、恋の手本となりにけり」で結ばれる有名な道行の段の義太夫の語りとともに大衆に支持され、これをきっかけにいわゆる「心中もの」の演目が流行し、それが美化され、心中が社会現象になったといわれる。

そのお初天神の東に、戦後、大竹金治郎が、家屋疎開の難から見事に逃れた北浜時代のカウンターの一部とバックバーを移し、北サンボアとして昭和二十一（一九四六）年十月に再開を果たした。今となってはこのサンボアを、単に「お初天神」と呼ぶ向きも多い。私もそう呼んでいる。屋号とは別に、ニックネームをもつバーも珍しい。大阪人が正式に発音すると「おはってんじん」になるのだが、大阪に住む多くの人から親しみをこめてこの愛称でよばれている。これはひとえに、二代目・大竹司郎の人柄によるところが大きい。

司郎は昭和十（一九三五）年、兵庫県明石市に大竹金治郎・美津野夫妻の長男として生まれた。貿易会社アデモースの社員であった父・金治郎が、大正十四（一九二五）年に岡西繁一が北浜に出店したサンボアに酒を卸していたことは先に述べた。司郎が生まれたころ、経営は泉常吉に変わっていたのだが、泉が急逝し、昭和十二（一九三七）年十月に金治郎がサンボアの跡を継ぐことになった。それに伴い、長男・司郎も大阪にやってくる。北浜で小学校に入学したが、戦争が激しくなり、店も同十九（一九四四）年には休業、疎開先の岡山県津山市一宮村で小学校を卒業した。

戦後になると、司郎は再び父とともに大阪に戻り、同志社大学に進学する。大学ではレスリング部に所属していた。余談になるが、司郎は酒を痛飲してはよくゴロンと転がった。転ぶには転ぶのだが、昔取った杵柄、レスリングのおかげかどうか、見事な受身で大事には至っていない。

改築前の店の看板（提供：北サンボア洋酒店）

「わりと子煩悩で、やさしい親父やったなあ」と、司郎は父である金治郎を語っている。とはいえ、金治郎はいわゆる家庭人ではなかった。そのころの父親は皆そうだったようだが、金治郎も仕事一筋の人間だった。

昭和三十二（一九五七）年、大学を卒業

二代目・大竹司郎（提供：北サンボア洋酒店）

した司郎は二十二歳で北サンボアに入店した。師匠としての金治郎は厳格だった。家で接する顔とはまったく違った。大学時代から、司郎はレスリング部の練習が休みになると店に出て父親の仕事を手伝っていた。そして卒業後、当然のようにバーテンダーとして父のもとで修業を積むようになった。家業として父の跡を継ぐことについてためらいなど何もなかったと司郎は述懐する。

家業を継ぐ。当時は当たり前のことだったようだが、現在それは簡単なことではない。向き不向きもあるし、父の商売を好むとも限らない。また、今では儲かる仕事ではない。苦労が多い仕事をあえて継がすのもどうかと、継ぐほうも継がすほうもためらいがあるのは当然である。

しかし司郎にはためらいがなかったという。それは学生時代から親の仕事を見て自分も経験していたからであろうか。堂島サンボアに至っては、二階が一家の住まいだったので、二代目の鍵澤正は幼いころサンボアが遊び場で、友達と一緒に床の上に座り、ミニカーで遊んでいたと聞く。この話をしてくれたのは正の幼馴染みであり、長じて堂島サンボアの常連になられた橋本精三氏である。氏も今では泉下の客となった。

司郎が家業に就いた二年後の昭和三十四（一九五九）年、父・金治郎が脳溢血で倒れた。意識はあったものの体は動かず、昭和四十七（一九七二）年の秋、七十歳で天寿を全うするまで大阪・茨木市にある自宅で寝たきりの生活を送った。そのために北サンボアは二十四歳の司郎がその後を引き継ぐこととなった。プロとして父親とともにカウンターに立ったのはわずか二年だった。仕入れから支払いまで何もわからず、ずいぶん困った、と司郎は当時を回顧している。

「父である金治郎さんと比較されて辛かったのでは？」

私の問いかけに、司郎はこう答えた。

「お客さんから『それは違う、親父はこうやっていた』なんていつも言われた。けど、何も知らんかったさかい、辛いと言うより教えてもらって助かった、って感じていた」

司郎が多くのお客さまから愛される所以を垣間見た気がする。しかしながら、突然サンボアの看板を背負うことになった司郎の苦労はいかばかりか、容易に想像がつく。強者だらけのお客さま相手に大変だったに違いない。しかも、新米バーテンダーであると同時に、いきなり経営者になったわけだから、かなりの重圧があったであろう。

森本慎也氏。司郎の語る、一番印象に残っているお客さまである。病に倒れ、平成二十七（二〇一五）年三月に亡くなった。私の経営する銀座、浅草サンボアにもお越しになった。北新地から独立した天神橋サンボアのオープニングには車椅子でお越しになった。すべてのサンボアを知る数少ないお客さまの一人で、バー仲間からもずいぶん愛された方である。

「早う死にたい」。酔うと口癖のようにおっしゃっていた。早くに夫人を亡くし、一人で暮らしていた。「早う迎えに来てくれたらええのに」。冗談とも思えないことを口にする森本氏に、京都・木屋町のバー「酒司　飛鳥」の飛鳥成昌氏は言った。

「森本さん、奥さんにだいぶ嫌われてはりまンなあ。なかなか迎えに来てくれはらへん」

ほとんど無言の飛鳥氏の見事な返し技だ。お客さまに愛されたバーテンダーとバーテンダーに愛されたお客さまの間にしか成り立たないやりとりだと思う。

大竹司郎にとっても、彼は特別な存在だったようだ。

昭和五年生まれの森本氏は、病で倒れるまで、バーホッピングを楽しんでおられた。いわゆるはしご酒である。先代の金治郎の代からの古いお客さまはたくさんいらしたが、司郎が主となって初めての馴染み客である。当時は丸々と肥り、ベビーフェイスであることも手伝い「プツンちゃん」とみんなによばれていたそうだ。昔、駄菓子屋で、爪楊枝などでプツッと突くと、ぷるっとフィルムが破れて中身が出てくる羊羹があったが、そのイメージでつけられたあだ名だった。

「当時、お客さんは爺さんばっかりでな」と語る司郎は、年齢的にも少し上の森本氏に、兄のような親しみを感じたのであろう。叱られてばかりのお客さまに囲まれて、唯一の逃げ場だっ

カウンターに立つ大竹司郎（提供：北サンボア洋酒店）

たのかもしれない。私たちバーテンダーには、そういうお客さまが必ずいてくださるものである。と言っても、何も頼ったりしているわけではない。ただ、その方が店のドアを開けて入ってこられると、なぜかホッとするのだ。司郎にとっては森本氏がそういう方であったらしい。

いつも穏やかに語るその大竹司郎から、凄みすら感じる言葉を聞かされた。

「自分は何も変えてこなかった。親父がやってたことをそのまんま、何ひとつ変えてしようとも思わなかった。それでええと思っているし、そうするべきだと思っている。世の中どんどん変わる中で、何ひとつ変わらないものがあっていいと、わしは思うんやがなあ」

司郎はいつもの穏やかな表情で静かに語るが、そこには並々ならぬ強い意志を感じる。

カウンターに立つ三代目・大竹順平（提供：北サンボア洋酒店）

こういう人だからこそ、長い間お客さまに愛されてきたのであろう。

「これからは難しいかも知れんなあ」とも語る。

平成四（一九九二）年、司郎の長男・順平が大学を卒業した。サラリーマンになったが、のちに家業を継ぐ決意をして、現在、父と一緒にカウンターに立っている。順平も家業を継ぐことには、何も疑問をもたなかったと語る。サンボアに入った当時は、「みんなすごい飲み方をするなあ」とびっくりしたそうだ。そんな順平を見て司郎は、

「これからは順平の時代。わしは何も変えないことを本望としてきたけれど、それも彼の考え次第。変えないでいてほしいとも思うけど、変えなければ仕方ないとも思う」と目を細めている。師匠というより優しい父親の顔である。

平成二十一（二〇〇九）年十二月十六日、司郎は長年愛されてきた店をいったん休業した。新しいビルを建てるために左隣の建物がごっそり壊されて明らかになったのは、北サンボアの屋根の中程が落ち込んだものすごい老朽ぶりだった。これではいけないと改築することになった。いや、改築というより全部取り壊しての新築である。重機でつぶされた店を見た司郎は、全身から力が抜けた。順平は「もう立ち直れないかもしれない」と思った。

父・金治郎から引き継いだ、多くのお客さまが慣れ親しんだ店の残骸を見たことは、司郎にとってこのうえないショックだったのであろう。侵しがたいものを侵し、してはならないことをしてしまったような後悔に押しつぶされたのであろう。その日を境に、朝から酒に浸っていたとも聞く。軽い脳梗塞になったとも。それほどまで、変えないことにこだわっていたのだ。

翌年五月二十五日、新しくなった北サンボアが復活した。戦火を逃れた北浜のバックバーもカウンターも、また元のように設置された。表の看板もそのまま。椅子も飾ってあった数々の思い出の品もそのまま。古い扇風機までそのまま。天井や壁にいたっては京都の太秦から映画のセットを作る職人を呼び、ひび割れまで再現しエイジング加工を施した。店自体は建築条件の問題でやや狭くはなったものの、以前とほとんど変わっていない。と言うよりそのまんまである。再開を祝して次々とやってくるお客さまが口々に言う。

「前と一緒や。ぜんぜん変わってない」

その言葉を聞くにつれ、潰れかかっていた司郎の心に生気がよみがえってきたと順平が嬉しそうに語った。

常に微笑を浮かべている。サンボアはこうでなくてはならない。この男も、「まったく変えない」決意をしたのか。ふとそんなことを思った。

祇園の「おかあはん」

平成二十二（二〇一〇）年二月、だったと思う。祇園サンボアに「おかあはん」を訪ねた。約束の時間をずいぶん過ぎていた。店に入ると中川立美が迎えてくれた。彼は祇園サンボアのマスターで、「おかあはん」とは彼の母である。遅れたことを詫び、ハイボールをいただいていると、奥の扉から「おかあはん」が顔をのぞかせた。

「こっちに来ぃはりますか?」

いつもながらの柔らかい京都弁で誘ってくれた。「こっち」とはサンボアのカウンターの奥にある扉一枚で繋がっている「も里多《りた》」、お茶屋である。

京都のお茶屋とは、芸妓・舞妓を呼んで遊ばせるお座敷を貸す店のことである。ここでは酒は提供するが料理は提供しない。料理は仕出し屋から取り寄せる。芸妓・舞妓は料亭にも呼ぶことができるが、そのためにはお茶屋を介して呼んでもらう。したがって、派遣業務も兼ねている。芸妓・舞妓は置屋に所属して、ここからお茶屋に出向くのである。舞妓は芸妓の見習い的立場に位置し、この置屋で京言葉や作法、座敷で披露する芸を仕込まれるのである。

京都はこのように、職業的分業で成り立っていることが多い。下駄でも扇子でもそうで、最初から最後まで一人の手によって作り上げられることはないと聞く。京都の花街も、置屋、お茶屋、仕出し屋で構成されており、も里多はそのお茶屋である。「おかあはん」はも里多も切り盛りしており、彼女が顔をのぞかせたこの扉は従業員専用で、も里多のお客さまは、サンボアの左隣の家の玄関、も里多の正面玄関から上がる。お茶屋といっても、一階にバーがしつらえてあり、二階がお座敷になっている。この柔らかい京言葉を操る祇園の「おかあはん」はただ者ではない。「おかあはん」の名は中川歡子という。

(左から) 中川志朗、英一、護録 (提供:京都サンボア)

彼女の半生は波乱に満ちている。「なにくそっ!」が彼女を支えた。歡子の父は浅見清八郎といい、河原町六角にあった「音羽」という料亭を祖父の時代から継ぐ二代目だった。京都には五花街とよばれる花街がある。祇園甲部、先斗町《ぽんとちょう》、上七軒、宮川町、祇園東がそれである。歡子の母テルの実家はその祇園でお茶屋を経営し、自身も芸妓をしていた。今では舞妓や芸妓は京都のシンボル的地位を獲得しており、ひとつの文化財として、京都の観光業界に大いに貢献している。しかし当時の歡子は母の仕事を嫌っていた。この父と京都サンボアの初代・中川護録は懇意の仲で、護録の四男・志朗とは釣り仲間でもあった。その縁もあって昭和三十七（一九六二）年、歡子は志朗と結婚することになった。

志朗は昭和九（一九三四）年四月二十六日、中川家の四男として生まれた。十八歳のときからサンボアのカウンターに立ち、父・護録のもとで修業していた。歡子が中川家に嫁いだのは、志朗が二十八歳のときだった。歡子も京都サンボアの掃除をしたり賄い料理を作ったりして夫の仕事を支えていた。

志朗が念願の独立を果たしたときには、父のもとで修業を始めて二十年の歳月が流れていた。京都四条通りを八坂神社に向かっていく。右手に有名なお茶屋「一力《いちりき》」のベンガラ色の塀が見えてくる。この通りを花見小路という。ここを南、右に曲がると、ベンガラ色の塀の先に「十二段家」という日本料理店があり、その角を左に入りしばらく行くと、弥栄《やさか》中学校（現在は「漢検漢字博物館・図書館」）の壁が左に見えてくる。その壁沿いに少し歩くと右手に道があり、そこをまた曲がるとまもなく右手に、祇園サンボアがある。先の「一力」、当初は「万屋《よろずや》（夜露づ屋）」と言った。横道にそれるが少し触れたい。江戸時代に流行した歌舞伎に『仮名手本忠臣蔵』があり、そこに「一力茶屋」が出てくる。モデルは「万屋」である。この演目が人気を博し、本物のほうが屋号を改名したと聞く。

歡子の母の実家である祇園のお茶屋は、母の姉である伯母カノが経営していたが、その一部を頼み込んで貸してもらい、そこをバーに改築して祇園サンボアと名乗った。昭和四十七（一九七二）年七月二十八日のことである。

初代・中川志朗と妻の歡子（提供：祇園サンボア）

歡子も志朗とともにカウンターに立った。当時からのご常連であった山口瞳氏、関西電力元社長の森井清二氏、龍村美術織物の龍村徳氏・元氏たちが歡子を応援した。

店は順調だった。しかし不幸は突然やってきた。志朗が他界したのだ。昭和五十一（一九七六）年二月二十五日、厄年のお参りを済ませた直後の四十二歳だった。二十年の下積みは決して短いものではない。振り返るとあっという間のようだが、修業の最中の一年一年は気が遠くなるような長さである。万感の思いを込めての独立を果たしてからわずか四年。志朗の無念はいかばかりであっただろう。後に残されたのは二人の息子、立美、幸二と妻の歡子、それと心血を注いだ祇園サンボアであった。

「何もかにもすべてとはいかなくても、何かひとつでいいから、得意のカクテルを覚えては」とお客さまからの勧めもあり、マティーニを作る練習が始まった。もともと酒は強くなかった歡子だが、まずはそのマティーニの味を覚えるところから彼女の修業がスタートした。お客さまがマティーニを注文すると、必ず二杯作った。一杯はお客さまが飲み、もう一杯は歡子が飲む。志朗の味に少しでも近づこうと頑張った。「これはダメだ」「こんな感じやった」が「これなら大丈夫」とお客さまからお墨付きをいただくようになった。店が終わるころには何杯飲んだかわからないほどだった。このあたりの話は、山口瞳『行きつけの店』（新潮文庫）に詳しい。歡子はすっかり酒豪になっていた。

しかし、志朗の兄で当時すでに父の跡を継いでいた京都での本家筋に当たる京都サンボアの中川英一は、サンボアの名を弟の妻である歡子が継ぐことを許さなかった。女性にはサンボアの暖簾は継がせない、という理由からだ。このまま商売を続けるのなら屋号を変えるよう、英一は歡子に迫った。

困り果てた歡子は、なんとか中川家とうまくいくようにと姓名判断に頼り、元来のよし子から改名した。両親から授かった名前を変えてまで、亡夫・志朗の生きた証でもある祇園サンボアの暖簾を守ろうとしたのである。あの柔らかい京言葉からは想像しにくいが、並々ならぬ決意と、藁にもすがる思いが入り混じっていたのであろう。

「急に言われても困ります。お兄ちゃん、一年だけ待っとくれやす」

歡子は英一に哀願し、一年だけということで許しを得、夫の死後、約二か月後の四月十八日に祇園サンボアを再開することになった。歡子は必死だった。二人の息子を抱え、よそで勤めたことのなかった歡子にとってはもうサンボアしかなかった。もちろん、これからというときに亡くなった夫の無念を、サンボアの暖簾を立派に継ぐことで晴らそうという気持ちもあったことは想像に難くない。死に物狂いでマティーニを作り続けた。そんな歡子の事情を知ってか、山口瞳氏ら多くの常連客が彼女を支えた。歯を食いしばって必死で奮闘している人間を、世間が放っておくはずもない。強力な応援団が形成された。彼らのアドバイスを受け、修業を重ねた歡子の「マテニー（筆者注——歡子はこう呼ぶ）」が彼女の自信の源となり、生きる糧となった。

祇園という土地柄、営業は深夜に及んだ。二人の息子を抱え、歡子は奮闘した。ところが、深夜に営業が及ぶことを英一は嫌った。ちょくちょく様子を見に来ては苦々しく思っていた英一は、ついに業を煮やし、「もう閉店だす。帰っとくれやす！」と大勢いるお客さまに向かって怒鳴った。

狼狽した歡子はたまりかね、そんな英一を表に連れ出し、こう言った。

「お客さん、まだ楽しんでくれてはんねやし、もうちょっと、もうちょっと目ぇつぶっておくれやす」

店の前で歡子は土下座していた。こうすることしか思い浮かばなかった。当時を回想し、

「そのときは、嫌がらせされたと思いました。もう、『なにくそっ！』やねぇ。それでも今となっては、女だてらに気張りすぎてたから（頑張りすぎていたから）私の体を気にしてくれてたんかなあ」と語った。

「約束の一年」はあっという間に過ぎた。

「お兄ちゃん、店の名前のことやけど……」

恐る恐る切り出した歡子に、「もう、ええやんか」と英一が言ってくれたそうだ。歡子の意地と頑張りが頑固親爺に粘り勝ちしたのだ。いや、もしかすると、最初から一年後にはサンボアを名乗らすつもりで、厳しく接してきたのかもしれない。きっとそうである。そんな気がしてならない。

後日談がある。祇園サンボア十周年のパーティーが開かれ、多くのお客さまが駆けつけてくださった。そのお客さまに混じっていた英一に、常連の一人が声をかけた。

「本家筋のあんたが挨拶せんかいな」

壇上に上がって挨拶するように背中を押して、みんなの前に立たせた。英一には言葉がなかった。何も言葉が出なかった。若くして志半ばで亡くなった弟・志朗の無念と、彼の残した祇園サンボアが十年を迎えた安堵と、そして何より、歡子の苦労を思ったのであろう。万感の思いから口をついて出てきた言葉は、

「バンザーイ！」

の一言だけだった。大声で叫んでいた。両目から涙があふれ、顔は涙でぐしゃぐしゃだった
そうだ。そのとき居合わせた龍村美術織物の龍村氏がこう語ったと聞く。

「ええ景色や。京都の老舗はこうやないとあかん」

歡子は本当によき理解者に支えられてきた。

平成五（一九九三）年十月二十二日、英一も他界した。その葬儀で、京都サンボアを継いだ三代目の宏に、歡子は言った。同月二十四日のことだった。

カウンターに立つ二代目・中川歡子と三代目・立美
（提供：祇園サンボア）

「当時は、そら、えろうきつぅされたけど、そやさかいに私は『なにくそっ！』で頑張れた。あんとき甘やかされてたら、とっくにアカンようになってた思うねん。お兄ちゃんには感謝してます」

歡子の長男・立美がカウンターを切り盛りするようになった。大学を卒業してからしばらくの間、フレンチやスパニッシュのレストランで、コックとしてアルバイトをしていた。アルバイトながら店を任されるまでになっていた彼が、母の知己を頼って東京・新橋の名店トニーズバーの松下安東仁氏の下で二年間の修業を積み、祇園

サンボアに戻ってきた。志朗から数えて三代目である。歡子は隣の母の実家であるお茶屋も里多を継ぎ、主にそちらで手腕をふるっている。扉を挟んで、も里多、サンボアと、毎日多忙である。

島之内という新天地

昭和三十九（一九六四）年十月十日、東京では日本で初めてのオリンピックが開催された。これは戦後、壊滅状態にあった日本が、恐るべき速さで復興を成し遂げ、世界中の注目を集め、驚嘆させた一大事業であった。それに先立つ十月一日、東海道新幹線が開通。当時は夢の超特急とよばれた初代の新幹線が、日本の大動脈である東京−大阪間を、まさしく夢のような速さでその距離を縮めた。日本中が沸き立っていた。

尾田和男は、そんな年に鍵澤正男の経営する堂島サンボアで、バーテンダーとしての一歩を踏み出した。和男は、正男の七つ年下の妹コノの息子である。伯父の店ということもあり、そのスタートは比較的軽い気持ちから始まった。前任者は奥田俊一という。「おくだバー」のオーナーで、和男が入店する前に独立を果たしているが、詳しくはのちに譲る。当時、正男の長男・正は、これまた正男の弟、時宗が経営する南サンボアで修業を積んでいた。

そのころ日本は沸き返っており、堂島サンボアも例に漏れず、連日盛況であった。中之島や堂島界隈の会社の役員が部下を連れ、毎晩のように通った。芸能人やスポーツ選手も多く混じり、その顔ぶれは多士済々。そんな中に、近年NHK朝の連続ドラマで「マッサン」という愛称で知られるようになったニッカウヰスキーの創業者、竹鶴政孝氏の姿も尾田は見かけている。新しく発売したウイスキーの評判をわざわざ聞きに来ていたようだが、駆け出しのバーテンダーはグラス洗いばかりで、顔を上げて話を聞けるような立場ではなかった。それどころか、怖くて顔を見られなかったとも言う。

（左から）尾田和男と鍵澤正（提供：島之内サンボア）

今とは違い、若いバーテンダーなどは、お歴々の会話においそれと口を挟むようなことは許されなかった。それが当時の常識だった。店のほうからわざわざお客さまに新人を紹介するはずもなく、お客さまのほうもまったく興味を示さない。誰も気にもかけてくれず、一年くらいしてやっと、「君、いつからおるねん」と話しかけてもらえればいいほうだった。

ところが最近では、入店したばかりのバーテンダーに優しく声をかけるお客さまが目立ってきた。一週間もすれば、「俺の酒を作ってみろ」とリクエストされる方もいる。サービスでおっしゃってくださるのはありがたいのだが、こちらからするとありがた迷惑な話である。お客さまの側からすると、「俺が育ててやっている」くらいのお気持ちなのだろうが、優しいお客さまの多い店ではバーテンダーが育たない。来る日も来る日も掃除とグラス洗い。そんな仕事に明け暮れながら、先輩バーテンダーのカクテルの味を盗むくらいの気概が必要なのだ。

尾田和男の堂島での最初の数年は、こんな感じだったに違いない。

「振り返ると、堂島での十年間は、あっという間のことでした」

尾田は当時をそう振り返る。堂島サンボアの門を叩いてから十年が経っていた。

十年は、尾田の言うように短いものでは決してない。一日一日が長く、単調な作業の繰り返しである。決して華やかなものでもなければ、毎日何かが起こるはずもなく、職人としての技術を覚えたり接客術を学んだりする時間もなく、むしろ、これから長く続くであろうバーテンダーとしての単調な繰り返しの日々の連続に対する、耐性を鍛えるための十年といえる。私はもちろん、大先輩の尾田も同じ思いではなかったかと想像する。

十年はサンボア独立の最低条件でもある。本人も独立が近いことを感じていた。堂島サンボアは大阪・北新地にある。地名こそ大阪市北区堂島ではあるが、いわゆる北新地にある。ここでの年月は、尾田にとってもお客さまと「顔馴染み」になるには十分な時間でもあった。

「北新地で店を構える」

それが尾田の思いであった。

だが伯父である鍵澤正男は、尾田に北新地での独立は認めなかった。一段高いところからの判断であったことは言うまでもない。同じ商圏であるがために、お客さまに気を遣わせることもあるだろう。鍵澤と尾田、お互い気遣いなしに、それぞれ広く独自の商圏を開発し、思う存分商いするほうがいいとの判断もあったのだろう。しかし尾田は戸惑った。北新地しか他はまったく知らないからである。

正男の弟で尾田のもう一人の伯父である南サンボアのオーナー、時宗がその話を聞きつけた。彼は兄とはまったく違った考えの持ち主であり、また私にもよく言っていたことがあった。

「街の角かどに、サンボアがあったらおもろいな」

むちゃくちゃな話ではあるが、妙に納得できると、今でも思う。

そこで、時宗は尾田をミナミに誘った。昭和五十（一九七五）年一月、ジュニア・サンボアの誕生である。当時の地名では南区東清水町。その後、島之内三丁目、さらに現在の東心斎橋と名前を変えてゆく。ジュニア・サンボアも島之内サンボアと改名した。

この島之内という土地は、江戸時代から栄えた町で、当時は船場と並ぶ問屋街だった。ところが、南を東西に流れる道頓堀川をはさんだ南岸が芝居小屋やお茶屋、料理屋が立ち並ぶ一大歓楽街になると、その北にある島之内も次第に歓楽街に変貌していった。当時、この辺りが大阪の中心部であったらしい。

開業後の尾田和男と妻マリ子（提供：島之内サンボア）

昭和五十（一九七五）年、新幹線が博多まで延伸し、沖縄海洋博といった明るい話題もあったが、「人類の進歩と調和」を高らかに謳った大阪万博はすでに五年前のことだった。第二次オイルショックも重なった。厳しい景気の中での出発である。

江戸時代の一時期に比べると、このころの清水町の辺りは、洋食の明治軒、すき焼きの北むら、砂風呂で有名な料亭若竹（酒宴の前に砂風呂を浴びて浴衣に着替える趣向）、サパークラブセイリュウがあっただけで、静かな町だった。もう二、三ブロック西へ、すなわち心斎橋筋に近くなるに従って、高級ブティックや貴金属店が立ち並び、一本北には鰻谷通り、一本南には周防町がすでに賑わいを見せており、今は存在しないが周防町よりさらに南に行くと「黒板塀」、いわゆる料亭が軒を並べていた。大和屋、西尾、暫《しばらく》などがそうである。

それに比べ、尾田が新天地に選んだ清水町、のちの島之内は繁華なミナミにありながら、街灯も少なく、静かだった。南小学校（当時は大宝小学校）や南警察署があるおかげで、風俗店などの出店が規制されていたこともあり、「このあたりは良くも悪くもひっそりしていた」と尾田は述懐する。

カウンターに立つ尾田和男（提供：島之内サンボア）

戦後の大混乱が少しずつ収まりつつあったころ、隣国ではまた戦争が始まった。昭和二十五（一九五〇）年、朝鮮戦争の勃発である。皮肉なことに、この隣国の不幸な出来事が日本の復興に大きく幸いした。アメリカからの特需という形で、紙・パルプ業、繊維業、製糖業に莫大な利益が流れ込んだ。これが三白景気である。
サンボアもその恩恵を大いに受けた。堂島サンボアの近くには製紙会社があり、南サンボアは船場の繊維問屋、南船場（当時は塩町とよばれた）の製糖会社に勤める人々で溢れていた。島之内サンボアの開店当初、南サンボアの鍵澤時宗が自分の店の常連を何人も紹介し、自ら島之内まで案内したそうだ。そのころのことを尾田和男は語る。

「毎日毎日、炭酸のケースが、四、五箱は空になった。こんなに売れるもんか。それこそ製糖会社の方でいっぱいやった」

しかし、「それもそう長くは続かなくて、お客さんはやっぱり時さん（鍵澤時宗）のところに戻っていきはった。そこからが苦労した」。

このあたりは、今もミナミにあって比較的静かな町である。尾田和男はここで、開店以来変わらず、いや昭和三十九年にサンボアの門を叩いてから何ひとつ変わることなく、サンボアの精神をそれこそ静かに守り続けている。現在、その傍らにはいつもマリ子夫人が穏やかな微笑みをたたえて寄り添っている。

曾根崎サンボア、そして梅田サンボア

熊谷通禧《みちよし》は昭和十八（一九四三）年十二月十二日、現在の北九州市八幡に生まれ、高校卒業後、大阪に出てきた。当時はまだバーどころか、飲食業とはまったく無縁な会社に勤めていた。「そもそも勤め人は性に合ってはいなかった、と言うよりいやだった」と熊谷は振り返っている。何か自分で商売をして生計を立てようとは思っていたが、それが何かは漠然としていて、本人にも定かではなかった。その彼に衝撃を与えたものは「真鍮の輝き」だった。そしてそれが、その後の彼の人生を決定づけたといっても過言ではなさそうだ。

「真鍮の手すりがな、ピカーッて輝いて、それが衝撃的やった」と当時を思い目を細める。

（左から）山森齋、長岡威、熊谷通禧。北サンボアにて（提供：梅田サンボア）

彼と北サンボアを引き合わせたのは、以前から北サンボアの常連客だった木村一郎氏だった。木村氏は証券会社に勤めており、もしかすると北浜の時代からサンボアをご存じで、よく通っていらしたのかもしれない。

「まあ、見るだけでもいいから」と言って、バーのことは何も知らず、関心すらなかった熊谷を北サンボアに連れていったのだが、そのとき、彼の目に飛び込んできたのが「真鍮の輝き」だった。人生とはつくづく不思議なものだ。人は何かに出会い、それが人生を大きく左右することがある。恩師の一言であったり、一冊の本であったり、歴史上の人物であったりすることもあるだろう。熊谷の場合、それが「真鍮の輝き」であった。

熊谷が北サンボアで働き始めたころは、大竹金治郎、司郎の親子と香川昌治の三人がカウンターに立っていた。大竹司郎は昭和十年生まれで、熊谷の八歳年上である。香川が翌年独立することもあって、その後任として熊谷は採用された。同時に長岡威《たけし》も勤めることになった。金治郎からすると、どうせ続かないだろうと思い、二人のうち一人でも残ればいい、くらいの考えだったらしい。

ところが二人とも長く勤めた。そして、のちに二人とも独立を果たした。長岡は昭和五十二年、熊谷が独立した一年後に、四国・宇和島で宇和島サンボアを開業したのだが、今は現存しない。熊谷が入店した翌年に独立した香川は、大阪・西天満、いわゆる老松町にニューサンボアを構えたが、師匠の大竹や堂島サンボアの鍵澤の考え方に背き、破門となった。が、仲間ではないがサンボアを名乗ることだけは許され、長く続いた。これはのちに裁判沙汰の原因となるのだが、このときは誰にも想像もつかなかったであろう。これについてはここでは触れない。

熊谷通禧の初任給は二万円だった。同時入店の長岡は金治郎の家に住み込みで働いていたが、熊谷はすでに結婚しており、家賃が一万八千円くらいだった。妻も働いていたが到底暮らしていけない。それに熊谷は、十年で独立すると働き始めたときから決めていた。

前述したように、十年という期間はサンボアでは大きな意味がある。サンボアの暖簾を許され、サンボアを名乗るための最低条件がこの十年なのだ。というより、十年勤めたところで初めてスタートラインに立てるのだ。そのうえ、その時点で存在しているサンボアのオーナーすべての承認が必要となる。

熊谷は、朝は七時から喫茶店、昼から夜にかけてはサンボアで働き、深夜は屋台で働いた。働きづめだった。彼には自分自身のサンボアを開業するという明確な目標があったが、妻はその夢を共有できなかったのであろうか、彼のもとを去ってしまった。熊谷にとって厳しい時代だったことは想像に難くない。

曾根崎サンボアのオープン（提供：梅田サンボア）

当時、北サンボアにはガスが通っていなかった。その必要もなかった。ウイスキーだけを売っていたからだ。おつまみは南京豆とせいぜい缶詰を開けて皿にひっくり返したようなものだけだった。そんなことでは儲からないと、熊谷は電気コンロを持ち込んで調理を始めた。アルバイトの経験が生かされたのだろう。いろいろなアイデアを提案した。いまや名物になっている「卵のバター蒸し」もこのころ考案したものか。昭和四十五（一九七〇）年ごろになって、やっと北サンボアにガスが開通した。同四十八（一九七三）年には、大竹司郎の義理の弟、山森斎《ひとし》も加わった。

昭和五十一（一九七六）年二月、苦労の末、約束の十年目に熊谷通禧は念願の独立を果たした。その努力の結晶を、彼は曾根崎サンボアと名づけた。大阪・北新地のいわゆる本通りを御堂筋から入ってすぐのところの北側のビルの二階に、七軒目のサンボアが誕生した。大阪の鍵澤・大竹、京都の中川、この大正時代からの家系以外の従業員の独立は、熊谷が初めてである。滑り出しは順調だった。

ところが、である。熊谷には災難がつきまとった。順調だった矢先の火事だった。どうやら放火らしい。昭和六十年。日本はバブル景気に突入しようとしていた。その前から熊谷はいやな予感のようなものを感じていた。建物も古く、周りでボヤ騒ぎもあった。同居しているテナントに、自分たちから火事は起こさないように、保険には入っておくようにと忠告していた矢先である。火の気のない自分の店の前の廊下が火元だった。働きづめで、苦労に苦労を重ねた末に、やっとの思いで自分自身のサンボアを構えて九年目のことである。保険には加入していたが、テナントの立場で受け取る保険金の額はたかが知れている。法廷に持ち込んだが、たいした補償も得られなかった。

「久真」と書いて「クマ」と読む。あのビル火災から一年にも満たない昭和六十年（一九八五）年六月、熊谷は居酒屋を開店する。昼は定食を出した。

カウンターに立つ熊谷通禧（提供：梅田サンボア）

「いっぺん、買い物籠さげて、河岸に仕入れに行ってみたかってん」と今となっては明るく述懐してはいるが、当時の気持ちは決して穏やかなものでなかったことは容易に想像できる。熊谷には苦労が絶えない。が、その苦労も必ず誰かが見ているものだ。熊谷にサンボア再開のための手が差し伸べられた。

「新梅田食道街」。ＪＲ大阪駅から阪急に向かう横断歩道を渡った左手に、古くから続く食堂街がある。てんぷら新喜楽、おでんたこ梅、立ち飲み居酒屋金盃……、名の知られた店がひしめき合っている。どこでもそうだが、古くからあるこのような場所は権利関係がややこしい。その中に共潤舎という会社が権利を所有するバーがあり、この会社の税理士をしていた鈴木良次氏が熊谷の苦労を見かねて声をかけてきた。このバーのママはすでに高齢で引退を考えていたというので、「クマさん、どうや」ということになった。鈴木氏には火災に遭ったときにも世話になっていた。梅田サンボアの誕生だ。

常連の中で「クマさんはついている」と言う人もいる。私はそうは思わない。自分自身の苦労と努力で手繰り寄せた運である、と思う。だいたいラッキーな人は火事になんか遭わない。ともかくこの新梅田食道街で、熊谷の苦労と努力が実った。一年後には現在の場所に移転している。

真鍮の輝きに魅せられた男が、苦労を強いられた末、それ以上に光り輝く真鍮のバーを手に入れた。昭和六十二（一九八七）年二月のことである。

幻のサンボア　奥田俊一

大阪・梅田、ほぼ中心の繁華な場所の中ではかなり地味なビルの二階にそのバーはある。店の入口には「おくだバー」とあり、ビルの集合看板には「サントリーバーおくだ」とある。店のドアを開けると、壁に沿うようにカウンターがある。三面の壁に向かってカウンターがあると言ったほうがわかりやすいだろうか。店の人間は壁とカウンターの間に立ち、客はカウンターに囲まれた格好で座ることになる。あまり見かけない形である。カウンターにはここの主人、奥田俊一が立つ。

昭和十二（一九三七）年大阪生まれ。奥田の父は北浜にあった小川証券に勤めており、その当時、北浜のサンボアは小川証券の所有するビルの一階を借りて営業していた関係で、よく店に立ち寄っていた。その縁もあってか、店に勤めていた鍵澤正男が独立して創業した現在の堂島サンボアに、息子である俊一が昭和三十二（一九五七）年から勤め出した。

そのころの堂島サンボアは現在と違い、店の奥と二階が住まいになっており、奥田はそこで寝泊まりこそしなかったが、昼と夜は鍵澤家に交じり食事をした。正男の長男である正は、父正男の弟、叔父である時宗が経営する南サンボアに修業に出されていた。店を継がす者には、他人の飯を食わす経験を積ませるほうがいいとの判断であろう。まだ昔ながらの丁稚奉公の習慣が色濃く残っていた時代である。したがって堂島サンボアは、マスターである正男と奥田、そして正男の妻であるツヤも手伝って、三人で切り盛りしていた。

東京・築地に、鰻屋の宮川本廛がある。「みやがわほんてん」と読む。「店」をここは「廛」と表記する。店はただ商いをするスペースを表し、廛のほうは古くからの老舗に多く、主人がその場所に住まい、奉公している丁稚もそこに住まう、今で言うなら住宅、社員寮を併せ持つ店舗を表す。奥田は住まうことこそなかったが、これに近いものがあった。

初代・鍵澤正男と妻ツヤ（提供：数寄屋橋サンボア）

南サンボアも、当時二階に時宗一家が住んでいた。京都サンボアも、先に登場した大阪ミナミの吉田バーもそうである。そのころはそういった廛が多くあったのであろう。経営者も従業員もプライバシーに対する意識が薄く、家族同様みな同じ釜の飯を食ったのである。良いか悪いかは別の話で、とにかく従業員は朝から夜遅くまで働くことになる。

「もはや戦後ではない」という言葉が、昭和三十一年に流行した。当時の経済企画庁が発表した経済白書の中の一節である。敗戦から十一年、国民の所得が十三パーセントも浮揚し、高度経済成長の時代に入ってゆく。当然のごとく、大阪を代表する歓楽街・北新地は賑わい、サンボアも

（左から）初代・鍵澤正男と奥田俊一
（提供：堂島サンボア）

例外ではなく、多くの酔客で溢れていた。

クリスマスの時期であろう、当時の堂島サンボアの写真が残っている。今では絶滅した円錐形のキラキラしたトンガリ帽子をかぶっている人も見られる。若き日の奥田も鍵澤正男も、誰もが生き生きしていた時代である。

奥田俊一に独立の機会が巡ってきた。もちろんサンボアの暖簾を継ぐつもりであった。鍵澤正男は堂島を譲る思いも頭をよぎったそうだが、それは俊一が固辞した。当然、ミナミで修業中の長男である鍵澤正が跡を継ぐべきであるとの思いからである。そんなとき、実父と親しくしていたサントリー（当時「壽屋」）の社長、佐治敬三氏が独立にあたり開業資金を用意してくれた。なんと店が建つほどの金額、当時の千五百万円、今ならその四倍（日本銀行ホームページ公表文書）、六千万円に相当する金額だったそうだ。ちょうどその年、社名を壽屋から現在のサントリーに変更し、ビール事業に乗り出した年と重なる。そのサントリーのビール事業部にはかなりの予算が充てられ、その事業部からの提供だったそうだ。当然サントリービールを売ることが条件で、バーに並ぶ酒はすべてサントリー。

奥田は「これではサンボアと名乗ってはいけない」と思い至り、「サントリーバーおくだ」と称し、独立を果たした。奥田自身にとってのサンボアは幻となってしまった。彼を贔屓にしていた多くのお客さまにとっても、奥田サンボアは幻となってしまった。

昭和30年代のクリスマスパーティーの風景
（提供：堂島サンボア）

思わぬところから資金提供の申し出もあった。この本を書くにあたって、元となった資料「サンダイヤ」の中で堂島サンボアの初代・鍵澤正男と対談している小川香料株式会社社長、小川嘉治氏からの申し出である。小川香料が会社組織になってからの初代は、嘉治氏の父・穣一、二代目がその弟・郁三、そして三代目がこの嘉治氏である。当時の小川香料は大阪市中央区の平野町にあった。その会社の上階に嘉治氏は寝泊まりし、そこからほぼ毎日堂島サンボアに通っていた。五歳年下の奥田俊一は当時のことをよく覚えている。「遊び人」といった感じではなく、「洒落者」といった雰囲気の人だった。その当時、北新地にはまだ検番があり、「黒板塀」とよばれたお茶屋もあった。嘉治氏はクラブよりこちらを好んだそうだ。

その嘉治氏が、「商売始めたら、とにかく金が要る。なんぼあっても困れへん。返そう思わんでもええから」と言って、奥田に封筒を手渡した。持ち重りのする分厚い封筒の中身は、なんと二百万円（現在では八百万円相当）だった。

驚いた奥田はしばらく考えた末に、「サントリーから資金提供してもろうてますし、金は大丈夫です。それに、こんなお金持っとったら、絶対いらんことに使うてしまいますよってに、お気持ちだけ頂戴します」と返してしまった。

今も奥田俊一はサントリーバーおくだのカウンターに立つ。ときどきお伺いするが、「秀都（堂島サンボア三代目）君は頑張ってるか？」「ミナミはどうや？」「銀座は流行ってるか？」と、私たち後輩が心配でならないようだ。この話を聞いているとき、長男の祥介が話に入ってきた。ニコニコ笑いながら「もらっとったら良かったのに」と言う。私もそう思った。お金はいくらあっても足りないものだ。

この店も移転話が持ち上がっている。ビルの老朽化に伴い、立ち退きを迫られている。ずいぶんと逡巡を重ねているようだが、二代目・奥田祥介にすべてを託しているようだ。祥介はマスターである父親のもとでカウンターに立って久しい。父親の築いてきた信頼は、もうすでに息子へと引き継がれている。

この稿を書き進めているとき、嬉しいニュースが飛び込んできた。新生サントリーバーおくだの移転先が決まったようだ。大阪・梅田の網の目を張り巡らしたような広大な地下街に直結したビルの中。北区曾根崎二丁目。大きさも元の店とさほど変わらず、カウンターもそのまま持っていくと聞いた。

平成二十八（二〇一六）年九月。こうしてまた、新しい時代のおくだバーができてゆくのだろう。新しい店がもちろん、今までと同様、多くのお客さまを魅了することを私は確信している。さて、奥田祥介はどんな味付けをするのか。楽しみである。

鍵澤時宗との出会い

大阪駅前にヒルトンホテルがある。その隣にヒルトンプラザと称する商業施設があり、その地下二階のレストランフロアにサンボアがある。昭和六十一（一九八六）年九月、これらの施設の開業と同時に、八軒目のサンボアが、正式名称をサンボア・ザ・ヒルトンプラザ店と名乗り、開店した。店主は南サンボアを経営する、鍵澤時宗である。

時宗は堂島サンボアの創業者である鍵澤正男の実弟である。かつて中之島にあった店（現在の堂島サンボアの前身）を、兄・正男が日中戦争に出征しているあいだ、まったくの素人だった時宗が、お客さまから教わりながらも必死になって守ってきた。戦時下、販売するウイスキーが手に入らなくなるまで、サンボアの看板は絶やさなかった。その時宗が七十歳を迎えて、自ら二軒目のサンボアを手がけた。実は昭和二十九（一九五四）年から三、四年の間、神

コウベハイボールの河村親一（1989年11月24日の朝日新聞より）

戸サンボアを京都サンボアの中川護録から引き継ぎ、のちにコウベハイボールと改名、それを河村親一に譲るまで、南サンボアと掛け持ちで経営していたこともある。

　そのころ河村は、仏蘭西屋という大阪屈指の老舗バーに勤めていた。そこは大阪の御堂筋を南に、道頓堀を渡ったところの東側にあったが、残念ながら平成二（一九九〇）年を迎える前にその歴史を閉じた。その河村を昭和三十（一九五五）年ごろ神戸に迎え、コウベハイボールを譲った。サンボア同様、こちらもかたくなにハイボールだけにこだわり、その名を広めたが、多くのファンに惜しまれつつ同じく平成二年に閉店した。河村にとっての古巣である仏蘭西屋と、閉店時期をほぼ同じくしている。

　コウベハイボールの名は、大阪の店にいても、東京の店にいてもしばしば耳にする。鍵澤時宗のコウベハイボールの跡を継いだ河村親一は、昨今のハイボールブームのはるか昔、ハイボールという言葉が飲み手の間では普通に使われていたころから、コンパでカクテルが流行した時代、ボトルキープ、水割りの時代、バーボンブーム、ワインの薀蓄を語ることがもてはやされた時代、なぜか焼酎ブーム、そんな酒場の変遷を横目に、ひたすらハイボールを作り続けてきた。

ところで一部では、氷を入れずに冷えたウイスキーと冷えたウィルキンソン タンサンをまるまる一本注いで作る、いわゆるサンボア流のハイボールを、「神戸スタイルのハイボール」または「神戸ハイボール」と称している（そう信じている）お客さまをちょくちょくお見かけする。また、そう称しているバーもあるそうだ。しかしこれは間違いで、コウベハイボールは河村親一が長きにわたりこだわりぬき、多くの男たちを魅了したバーの名称である。

平成二十八（二〇一六）年の初めごろ、朝日新聞から連絡を受けた。コウベハイボールを作ってほしい、それを新聞に載せたい、とのことである。聞いてみると、神戸ハイボールというのが神戸にある、とのことである。

「それ間違っていますよ。そもそも『コウベハイボール』はね……」

と一から説明しても、記者にはわかってもらえなかった。どうやら、神戸ではスコッチウイスキーのデュワーズを冷やして、それをまた冷えた炭酸で割る、氷の入らないハイボールをそう称して広まっているらしい。聞くところによると、そのデュワーズを輸入している会社がそういう呼び名をつけて販売展開しているようだった。

「神戸では、『神戸ハイボール』で通っていますよ」

記者は自信満々で力説したが、神戸ハイボールはコウベハイボールで店の名前である。輸入している会社の方をお呼びして、誤解されていることを説明した。コウベハイボールという店のことはもちろんご存じだったが、それが以前サンボアであったことは知らなかった。私たちにとってはコウベハイボール以前からそういった飲み方をお客さまにご案内し提供しているので、「神戸ハイボールをくれ」と注文してもお出しするのは気が進まない。そのことも商社の方に説明した。なかには「神戸ハイボール」を注文し、こちらが説明しても引き下がろうとしない方もいる。この人はアメリカに行ってアメリカンコーヒーを注文し、ナポリに行けばナポリタンを注文するに違いない。しかも日本ではそれを飲み食べていると頑なに主張するのであろう。

私たちが作るハイボール、一般的にお客さまがサンボアのハイボールとして認識してくださっているものは、冷えたウイスキーと冷えたウィルキンソン タンサンを使っている。氷を入れて作る店もあるが、氷を入れないのも特徴のひとつだ。

「なぜ氷を入れないのか」とよく聞かれる。本音を言うと師匠から教わった通りにしているだけであり、すでにこのスタイルが広く伝わっているからそうしているだけなのだが、そう答えるわけにもいかない。

そもそも氷が今のようにふんだんに使われる前、サンボアが創業したころから昭和三十年代ごろまでは、氷は冷蔵庫に入れてその中の食品を保冷するために使われていた。ウイスキーもストレートかハイボールで飲むのが普通であったそうだ。氷屋が持ってくる氷も新聞紙でくるんであったり、地べたに置くため砂を噛んでいたりしていたので、グラスに入れて提供するスタイルは一般的ではなく、氷は主に冷蔵庫の中のものを冷やすために使われた。そのため、オンザロックはずいぶん後になってからで、水割りも後発であった。その名残で、今もサンボアでは昔のまま氷を入れないハイボールを提供している。

私が南サンボアに入ったころ、鍵澤時宗は頑なに水割りを拒んだ。どうしてもというお客さまには、ウイスキーを入れたグラスに直接水道から水を注いで、「これでええか」てな具合でいやいや提供していたことを覚えている。しかしお客さまに押されて、煮沸した水を前の日に用意して冷やして出した時期もあったが、とうとうミネラルウォーターを使うようになった。

その炭酸。そもそもイギリス人のジョン・クリフォード・ウィルキンソンが、兵庫県で狩りをしていて発見した天然の炭酸鉱泉で、それを瓶詰めして販売していたものである。氏の名前にちなんでザ・クリフォード・ウヰルキンソン・タンサン・ミネラルウォーターカンパニーを設立、さらに兵庫県西宮市塩瀬町生瀬（鉱泉を発見したのもここ）に移転して瓶詰めの炭酸を製造していた。

のちにクリフォード・ウヰルキンソン・タンサン鉱泉株式会社と改名し、その会社にお勤めだった方が今もお元気でいらっしゃる。その村山涼二氏は、昭和二十五年より平成二年まで研究開発部に勤務され、部長職に就いていたそうだ。退職の翌年に村山研究所を開設され、清涼飲料水や水関連製品（ミネラルウォーターおよび浄水器など）の製造技術・微生物制御技術ならびに飲料全般の科学情報サービスなどの技術コンサルタントとして活躍されている。

その村山氏によると、当時、営業部の者が「サンボアに行けば必ずウィルキンソンの炭酸が飲める」と言っていたのをよく聞いていたそうだ。ちなみにこの「タンサン」「TANSAN」はクリフォード・ウヰルキンソン・タンサン鉱泉株式会社が商標権を取得し、朝日麦酒株式会社が業務を継承するとともに商標も継承、現在はアサヒ飲料株式会社が所有している。しかしながら、この炭酸は広く一般的に使われるようになり、普通名詞的な扱いになったことで、商標権を主張することはできなくなったとアサヒ飲料にお勤めの方にうかがった。

さて、私は大学に通っている間、いろいろなアルバイトをした。家庭教師、塾の講師、テニスのインストラクター……乾燥した中華クラゲを注文通りの幅、長さに裁断し、神戸の南京町などの中華料理屋に配達したこともあった。日払いの給料を目当てにガラス工場にも行ったが、三日で辞めてしまった。クラゲ切りもかなり単調な仕事だったが、さらに輪をかけて単調で、どうも辛抱が続かなかった。単純作業が苦手で、プールの監視員もすぐ辞めた。テニスのインストラクターは結局四回生まで続け、もっとも長くこなしたバイトだった。

私が大学二回生のとき、友人と一緒に、洋食屋のような、カラオケスナックのような、パブ(日本風)のような店の立ち上げに携わる機会を得た。このバイトが飲食店の仕事に関わるきっかけとなったが、この店はすぐ潰れた。しかし潰れてくれたおかげで、私に新しい出会いが訪れた。

さっそく次のアルバイトを探すべく、何気なく情報誌を眺めていると、目を疑うような募集記事が目にとまった。

「サンボア　時給、時間相談応」

一番小さな広告枠に、なんとも適当な募集要項。実はこのときすでに、そこにあるサンボアには見覚えがあった。

その数か月前、ある雑誌にバーの特集記事が掲載されていた。その雑誌には、今まで自分が見たことも経験したこともないような世界があった。その中の一枚の写真が、私の心を捉えた。その写真は臙脂色のジャケットを着、胸元に赤いバラをかざした初老の紳士を、少し上から捉えたものだった。

「こんなかっこええ大人がいるんか……本物のバーゆうとこにはこんな人がおるんか……」

強烈な印象だった。これが私とサンボアの初めての出会いだった。

私は思い切って電話をかけ、面接をお願いした。

「いつでもええから、来なさい」

いつでもええからって、どういうことやと思いつつ、私は「よろしくお願いします」とだけ言って電話を切った。

面接の当日、心斎橋筋を南に下り、八幡筋を東に曲がり、今はもうなくなったが、テレビコマーシャルでも有名な中華料理のハマムラ（現存しない）の隣のビルの一階……大阪のキタにはそれなりの土地勘があったが、ミナミはやや不案内であった。周防町、畳屋町、八幡筋、三津寺筋、玉屋町、笠屋町……今ではもう忘れられつつある通りの名だが、当時はミナミのある場所を表すには、この通りの名前がとても便利だった。それでもなんとかサンボアを探した。

「あの、バラのおっちゃん、おるかなあ」

ドアを押すと、思ったより重く、それが余計に緊張を増幅させた。

「うわっ、おっちゃん、おるがな！」

さらに緊張した。すぐさま面接が始まった。それがまあなんと適当な、緊張していた自分が馬鹿みたいに思えるような面接だった。

「チーフ、どや？」

「ええんちゃいますか」

「よっしゃ。早いもん勝ちや」とこれだけで決まったのである。

「なに、この面接？　こんなんで、ええの？」と言う私に、「ええんちゃいますか」と答えたチーフは中岡栄一といった。良くも悪くも、掃除に夢中で私の話など聞いてもいなかった。かなり適当な、ユニークな人物であることは出勤し始めてすぐに判明したが、彼についてはのちほどページを割こうと思う。

採用されたことに文句を言うはずもなく、とにかくすぐに働くことに決まった。後で知ったことだが、どうせ続かないアルバイトの学生なんかに何も期待していなかった、ということだったらしい。

働き出して一週間もしないころだった。予期せぬ事態が起こった、というか事実が判明した。「兄貴もこんな派手なジャケット着て、バラなんか持って。ようやりよるなあ」とマスターの鍵澤時宗が私に言うと、「これ見てみい」と一枚の写真を見せてよこした。

「えっ?」

混乱している私に、マスターが、

「これ堂島の兄貴や」

なんとなく事態が飲み込めてきて、

「この人、マスターとちゃうんですか?」

と思い切って聞いてみると、「違うわい。俺はこんな気障な格好、ようせんわ」

そこにいる実物と、写真と交互に見比べていると、ほんの少し違うように見えてきた。別々に見たら、ほとんど同一人物。今さら勘違いでした、さいならはないだろう。これが私にとって生涯の師となる鍵澤時宗との出会いだった。

後で知ることになるのだが、バラを持った紳士、鍵澤正男は実に真面目で、几帳面できっちりした性格、それに比べて鍵澤時宗は真逆の性格で、大雑把で細かいことにはとらわれず、実に大らかであった。ひとつのことをコツコツ積み重ねるような職人肌の兄に対して、この弟は好奇心旺盛で、「おもろい」ことが大好きで、これは仕事にも店づくりにも、大きく影響しているように思われた。今になって思えば、私は堂島の正男の下では続かなかったかもしれない。いい加減で適当な私を、時宗は大らかに見ていてくれたのだと思う。

働き出して数か月、まだ「サンボア」とは何であるかも理解していない学生だった。「なんでBGMかけへんのですか？ ジャズなんていいですよ」とか、「こんなカクテルはしないんですか？」など、今思えば恥ずかしくて身震いするようなことを平気で言うような、何も知らない学生アルバイトだった。そのうえ、テニスのアルバイトで遅くなったり、休んだりしても、時宗は何も言わずにニコニコ笑っているだけだった。

そう、私は期待されていなかっただけなのだ。

私が初めてサンボアを知るきっかけになった雑誌には、写真とともになんとも魅力的な文章が添えられていた。それは作家でありエッセイストであり、盛り場の伝道師の元祖であり、美食家であり、なんでも食べる雑食家であり大酒飲みの森下賢一氏によるものであった。のちに私の店も数多く取り上げてくださり、酒場の切り絵作家の故・成田一徹氏を東京に手引きしたのも、この森下氏であると成田氏から聞いていた。たいがい静かに、ほとんど無言で、目をつぶってカウンターに立っていらした。「寝ていらっしゃるのかな」と思うと、カウンターについた手の指先が何やら動いている、独特なポーズで飲んでいらした。

「肉の中では、アカガエルが一番美味しい」

などと、理解に苦しむことをよくおっしゃっていた。氏も今はすでに鬼籍に入られた。成田氏とバー談義でもなさっているだろうか。その例の雑誌の文章に、森下賢一とあるのを見つけたのはずいぶん経ってからである。森下氏が私をサンボアに引き合わせてくれたのだろうか。

成田一徹氏のことも少し。何枚も店を切り絵にしてくださった。六、七枚はあるかもしれない。成田氏に描いてもらうことはバーテンダーにとって名誉なことだと思っている。氏がつねづねおっしゃっていた。作品集『カウンターの中から』(クリエテ関西)に収められている北新地サンボアは最高傑作のひとつだそうだ。

初代・鍵澤時宗(提供:南サンボア洋酒店)

「グラスに口を持っていく、森本さんは飲み手の見本みたいな人やね」
この「森本さん」とは、北サンボアのマスター、大竹司郎の初めて親しくなったお客さま、森本慎也氏のことである。前に触れたが、彼ももう泉下の客となった。
鍵澤時宗。お客さまは皆、親しみを込めて彼を「時さん」と呼んでいた。小柄な人であったが私にとっては実に大きな人であり、大きな存在であった。

時さんは大正五（一九一六）年、石川県石川郡河内村（現在の石川県白山市河内町）に生まれた。幼いころ父に連れられ、母、兄、妹と五人で神戸に出てきた。日中戦争のころ、中之島にあったサンボア（現在の堂島サンボアの前身）で出征した兄の正男の後を任される前は理髪店に奉行していた。正男は実直で堅実な人だったが、時さんはというと、私の目から見ても破天荒で、大らかというよりはむしろ大ざっぱな感じのする、いい意味で適当、そんな人だった。

お客さまは口をそろえて、「兄さんの正男さんは、時さんと違うて真面目な人やった」と語る。時さんが決して不真面目というのではなく、「鉈で切るような」とでも言うか、物事をざっくり、思い切りよく切り分ける感じで、それに対し兄の正男は「カッターナイフで切る」ように、細かく丁寧に切り揃えることのできる、そんな感じの兄弟だったように思う。

時さんから聞いた話だ。

「戦前は兄貴とやってたんやけど、兄貴は戦争に取られよってなあ。わしは背え低いし、胸が悪かったから取られんで済んだんやけどな。戦争がきつなってくると、『サンボア』が敵性語や言われてな、『参望亜』に変えたんやけど、それでもあかん言うんで『三都』に変えて営業しとったんや」

「ギリギリまで店やっとったけど、ウイスキーなんか売られへんし、だいいち酒が入れられへんようになって、とうとう閉めたんや」

戦争が激しくなり、ウイスキーは敵国の酒だと官憲の目がうるさくなって、仕方なく急須にウイスキーを入れ、湯飲みにお茶という建前で注いで提供していたという逸話を、大阪・難波にある老舗、吉田バーの吉田芳二郎氏からうかがったことがある。見回りに来た警官から、「何を飲んでいるのか」と聞かれ、「お茶です」と答えると、その警官が、「わしにもその茶を一杯くれんか」と言って飲んでいったという。苦労して酒を売り、苦労して飲んだ時代であった。

時さんの思い出が尽きない。人を見る目の確かさについて、こんなこともあった。

私がサンボア・ザ・ヒルトンプラザ店に勤めていたころ、友人のことで時さんに相談したことがあった。その友人は私が大学時代に寿司屋で知り合ったアメリカ人で、ティモシー・アンドレッセンといい、私たちは彼をアンドレと呼んでいたが、知り合った翌日から彼は私の家に居候を始めた。

しばらくすると彼は日本人女性と結婚し、一時ハワイに住んでいたが、舞い戻ってきて兵庫県明石市のリゾートホテルに勤め始めた。が、すぐに辞めた。そんな彼を私は時さんに紹介した。何か職を斡旋してもらおうとの考えからだった。日本語（大阪弁に限る）も達者で、何より接客業の経験も長く、焼鳥屋でもおでん屋でも何でもいいと思った。

「あいつ、おもろいやんけ。わし、金出したるさかいに、お前、バーつくったれ」

サンボアからの帰り道、時さんと別れるまでの五分間の出来事だった。そう言われて驚いた。時さんはアンドレと一度しか会っていない。

そしてできたのが、「ショットバー　アンドレ」である。最初は小さなボロいビルの二階。私も手伝っていた。ずいぶん暇な店だったが、半年くらいすると様相が一変、アンドレの微妙な大阪弁と人懐こさでお客さまがあふれた。二号店、三号店と増えてゆき、大変な勢いだった。時さんの瞬時の判断は間違いではなかった。

そのアンドレは、四十二歳のとき脳梗塞を起こし、自宅の玄関で倒れた。

三　サンボアのＤＮＡ

鍵澤時宗の死

鍵澤正男、中川護録、大竹金治郎が亡くなり、サンボア創業者である岡西繁一と直接関わった者はサンボアにはいなくなった。正男の弟であり、南サンボアの店主である鍵澤時宗がこの時代の長老株であったが、岡西のことは知ってはいるものの、「相当なアイデアマンやったけど、何やっても続かん人やった」という記憶でしかなく、金治郎の長男・司郎、正男の長男・正、そして奥田俊一の世代になると、もはや、「なんか、背の高い怖いおっちゃん」という記憶しか残っていない。いわゆるサンボアの「第二世代」ともいえる時代が始まったのである。

その鍵澤時宗が亡くなった。数か月前から病の床に就いていた。脳内の血管が破裂したのである。半身は不自由なものの、一時は回復の兆しが見えていたと聞いたが、残ったほうの脳にも出血が見られ、脳死に陥った。

元来心臓は強かったので、この状態でかなり頑張っていたようだが、サンボア・ザ・ヒルトンプラザ店で働いていた私は、平成二（一九九〇）年八月二十日の営業中「時宗が逝った」という電話を聞かされることとなった。

生前、時宗は言っていた。

「わしらはバーテンダーや。バーテンダーは蒲鉾と一緒や。ええか、板から離れたら食われてしまうんや」

訳も分からず「そういうもんか」と思っていたが、次の話を聞き、すべてが理解できた。入院中、混濁する意識の中で、「B29が爆弾落としに来るさかいにな、その前に酒を仰山仕入れて、地べたに埋めて隠しとけ」と、叫んだこともあったそうだ。

時宗にはサンボアがすべてだったのであろう。

現役バーテンダーとして亡くなった鍵澤時宗を、師匠と呼べる幸せを今は感じているが、心残りはある。私の独立、開業が間に合わなかったことだ。平成六（一九九四）年十月に北新地サンボアの開業を果たしたが、時さんに見てもらうことは叶わなかった。欲を言えば同十五（二〇〇三）年の銀座サンボア、同二十三（二〇一一）年の浅草サンボアまで見てほしかった。

というのは、時宗と同い歳の、銀座クールで名バーテンダーと称された古川緑郎氏は、私が銀座に出店するまでお元気で、その同じ年にクールの歴史を閉じられているからである。足腰が弱ったという理由で閉店を決意されたそうだが、お元気でいらしたからこそなおさら、古川氏と同じ年生まれの師に銀座サンボアを見てほしかった。

私は時宗の病床を一度だけ見舞うことが叶ったが、お客さまにはこのことは伏せていた。私が見舞ったときにはすでに意識がなく、こんな姿は本人もご家族も、お客さまには見せたくなかったであろう。いつものベレー帽を被った、やんちゃでお洒落な人からは想像もつかない姿であった。覚悟はできていた。しかし、現実味はなく、ふわふわした気分、もしくはじわじわした焦燥感を味わったことを覚えている。時宗の心臓が止まり、その報告を待つ。南サンボア、サンボア・ザ・ヒルトンプラザ店のカウンターに立つ者すべてが味わった残酷な時間だった。

私はヒルトンサンボアにいた。何度も電話が鳴る。そのたびに全身が粟立つ。その繰り返しが幾度か続いた後、当時チーフを務めていた藤本和之――時宗が南サンボアを開業したときに手伝った義理の弟・藤本数一の息子――が最後の電話を取った。こちらを向いた彼の顔は血の気が引いていた。紫色になった唇で、粟立っている私に指示を出した。

「カーテンを閉めろ。お客さまにお帰りいただけ!」

これだけだった。が、それですべてを悟るには十分だった。

ヒルトンサンボアのチーフ藤本は時宗の義理の甥にあたるため、すぐさま息を引き取った時宗のもとへ向かった。南サンボアのチーフ中岡栄一は、古いお客さまの対応に当たった。私は、同業者で生前時宗と親しくしていただいた先輩方に連絡を取った。真っ先に南サンボアに駆けつけてくれたのは、福永久雄氏だった。福永氏のことは前にも触れたが、ミナミの名店フミヤの最後のチーフバーテンダーで、南サンボアと同じ八幡筋を西に、御堂筋を越えしばらく行くと南側にあった men's bar FUKU を営んでいた（現在は立ち退きに遭い、宗右衛門町で甥の雅彦氏が跡を継いでいる）。時宗が戦前の登美屋のオーナー、桜井かをる氏に依頼され、戦後フミヤの初代チーフバーテンダーとなったので、遠い後輩にあたる。その縁もあって、営業中にもかかわらず駆けつけてくださった。

ヒルトンサンボアを閉め、南サンボアにいた私に、電話で氏は、「しっかりしいや。ちゃんとせえへんかったら、時さんに恥かかせることになるで」と励ましてくださった。本当に「その通りだ」と思った。

葬儀が済み、その日の夜は南サンボアをお客さまに開放した。時さんを偲んで、多くの方が集まってくださった。その中に、衆人の耳目など一切気にもかけず、おいおい泣いている方がいた。宇野源太氏だ。もういいお歳の方で、氏の奥方の父上に連れてこられたのが時さんとの出会いだったと聞く。それはもう見ているこちらのほうが辛くなるほどであった。この宇野氏は「源太先生」とよばれていた、水の研究者で権威らしかった。関西空港の建設に際し、水質調査にも携わったらしい。その源太先生が、「時さ〜ん！　時さ〜ん！」と鼻水を垂らして泣いていた。

鍵澤時宗がこの世を去る半年以上前のことである。当時、私はサンボア・ザ・ヒルトンプラザ店に勤務していたが、時宗がやってきて、私に言った。

「南サンボアのアルバイト、辞めよったんや。誰か探しといてくれ」

「わかりました」

……

「誰か人おらんか? 南のバイト辞めたさかいな」

「……はい、探しときます」

……

「おい、新谷君。南にアルバイトいるんやけど、誰かおらんか?」

「……はい、あたってみます」

こんな会話が五分おきにあった。おかしいなと思った矢先に、入院したことを知らされた。どうやら体調がすぐれないとのことで、家族からは病院に行くように強く迫られていたそうだが、「給料日前や」とか「支払いがある」とか理由をつけて先延ばしにしていたようだ。いよいよおかしいということになり、病院のベッドが空くのを待っていたが、その空きが出る前に倒れたらしい。

原因は脳内出血。症状はあまり重くなかったようだが、入院が決まったとき、不自由な半身で、シーツを食いちぎって暴れたらしい。「こんなところで寝てられるか! 店、行かなあかんのや！」と叫び、しまいにはベッドにくくりつけられる始末、とうとう諦めておとなしくなったと聞く。私たちも面会不要とのことで、お客さまにも知らせるなと言われていた。そもそもダンディな人だった。ベッドに寝ている姿を晒したくなかったのだと思う。

しばらくして、少し快方に向かった。少しずつ、不自由な手つきで食べ物を口に運び、食べるところまではきたそうだ。しかし、それはつかの間のことだった。健全だったもう片方の脳にも出血が見られた。意識が落ちた。その知らせを聞き、初めて病院に駆けつけた。面会を断る理由がすぐに理解できた。もともと小柄な人がさらに縮んでいた。たくさんのパイプにつながれた時さんは、懸命に闘っていた。混濁する意識の下、「店いかなあかん」などと呟いていた。

鍵澤時宗。享年七十四歳。死ぬまでバーテンダーであり続けた。

そして平成二十六（二〇一四）年三月二十九日、福永久雄氏も鬼籍に入られた。七十三歳だった。本当に穏やかで、微笑みを絶やさない人だった。

京都サンボアの中川英一《ひでかず》と長男・宏

京都サンボアの中川護録は昭和五十一（一九七六）年七月十七日に亡くなった。その後を長男である英一が四十七歳で継いでいた。彼は個性的な人物である。

「カウンターに肘をつくな！」

カウンターに立つ二代目・中川英一（提供：京都サンボア）

「ピーナッツの皮は、床に捨てろ！」

京都サンボアに馴染みのないお客さまは、全員がこの洗礼を受ける。カウンターに肘をつくな、というのは、カウンターに備え付けられているバーのことではなく、正しくカウンターの上に肘をつくな、ということである。もっともなことで、テーブルの上でも肘をついて食事をすることが美しいはずもない。

「ピーナッツの皮」については、よくわからない。しかし、イタリアでもスペインでも酒場ではナッツの皮やオリーブの種は言うに及ばず、あさりの殻なども床に捨てると聞く。それらとの関係は不明だが、ともかく英一はお客さまに強く命じる。この二つの「指導」だけがひとり歩きしている感さえある。

私の店でも「ピーナッツの皮は、床に捨て

三代目・中川宏（提供：京都サンボア）

るのがここのやり方だ」とお仲間に説明しているお客さまもいらっしゃる。まあ、その二つ以外にも、英一は口うるさい「親爺」だった。ところがニコッと笑うと、英一はなんとも優しい顔になる。目が優しいのだ。ならば最初から優しい顔をしていたらいいのに、などと私は思ったりもしていた。

しかしそこに至るまでには、長年のバーテンダーとしての人生で培った哲学があるのだろう。バーはその哲学なり美学なりといったものがうっすらと感じられるほうがいいと思う。逆に言うと、それらを感じないバーには、味わいもないのではなかろうか。

本書の冒頭でも触れたように、バーとは、カウンターと瓶棚のあいだに、ひとつの人格があればそれでいいという設計士の故・村尾栄氏の話が思い出される。

その英一もこの世を去った。今は彼の長男である三代目・中川宏が跡を引き継いでいる。この男も、父に負けるとも劣らない、輪をかけた「へんこ者」である。愛想もクソもない。「へんこ者」とは一般的に、社交辞令が言えず、融通が利かない頑固者で意地っ張り、その半面、実直で朴訥、口下手だがどことなくユーモアがあり、少し抜けたところもある、といったイメージか。京都サンボアを知る読者はみな、「うん、うん」と微笑みながら頷かれるだろう。しかし彼も父親同様、実に親しみやすい笑顔を「ときどき」する。宏を知る人にとってはそこが彼の魅力であることはよく理解できるが、知らない読者にはなかなか説明しがたい人物である。

中川宏は昭和三十一（一九五六）年十二月、英一の長男として京都で生まれた。バーテンダーとしてのスタートは同四十九（一九七四）年、京都ロイヤルホテルである。その二年後、二十歳で京都サンボアに入るが、ことごとく父親とぶつかった。営業中であろうとかまわず喧嘩し、一月に入ったサンボアを四月には飛び出していた。東京に向かったのである。

宏は新宿のウエスタンという店に一年、モンブランという店に一年在籍した。ウエスタンは昭和二（一九二七）年から営業しているバーで、地下一階と一階はカウンターバー、二階は四人がけのテーブルが六卓くらいのフロアになっていた。ステーキなどの食事も出す、比較的大きなバーであったと聞く。一方、モンブランはママがひとりで切り盛りしていた小さなバーだった。宏はモンブランを辞した後、昭和五十三（一九七八）年に京都に戻ってきた。それ以来、父の英一が亡くなるまで、二人でカウンターを守ってきた。今はひとりで、京都サンボアの伝統を守り続けている。

木屋町サンボアの中川清志と長男・涼介

鍵澤時宗が亡くなったのと同年の平成二（一九九〇）年十月十六日、京都サンボアの創業者である中川護録の七男・清志が、京都西木屋町筋を四条通りから北へ上がった西側に木屋町サンボアを開業した。京都のメインストリート、四条通りを鴨川を西に渡って少し行くと、先斗町《ぽんとちょう》が鴨川と平行にある。夏になると川に向かって「床」を出して涼を楽しむのがここだ。ここでは「川床」を「かわゆか」とよび、京都の北、貴船では「かわどこ」という。そこをもう少し行くと高瀬川が流れている。こちらは森鷗外の小説のタイトルでも知られている。その先の通りは西木屋町通りと呼ばれ、その小道を右、京風に言うと北へ上がると左手、西側に中川清志の木屋町サンボアがある。

中川清志は昭和十九（一九四四）年六月、京都サンボアの初代・中川護録の七男として生まれた。十八歳のとき、三男・滋夫の経営する喫茶サンボアを手伝う。この店は四条寺町にあった。二十一歳のときから九年間、父を手伝って京都サンボアのカウンターに立つ。当時は護録を先頭に、長男・英一、四男・志朗（のちの祇園サンボアの創業者）、五男・健作とともに、五人で働いていた。そのころは連日満員で、カウンターに座れず立って飲むお客さまもいらしたそうだ。

ちなみに、堂島サンボアや北サンボアはそもそもカウンターに椅子はないが、京都サンボアや南サンボアは椅子が備え付けられている。その当時はダイスに興じるお客さまが多く、バー

（左から）中川志朗、清志、健作、英一（提供：木屋町サンボア）

テンダーがお相手をしていた。それは私が勤務していた南サンボアでもそうだし、北新地サンボアにも銀座サンボアにもダイスは備えてあるが、最近ではほとんどそういったお客さまは見かけない。

　ダイスは当時の京都サンボアでは日常的に楽しまれていた。五つのダイスを使って遊ぶのだが、ワンシェイクですべてのダイスの目がエース、すなわち一でそろう「オールエース」の目を出したお客さまのサイン帖が、今でも京都サンボアにあるそうだ。

　その後昭和四十九（一九七四）年、三十歳のとき、清志は祇園・富永町で「スナックなか川」と名乗り、独立する。その店は十二年続いた。最後に勤めたのが先斗町の「ふね」というバーで、三年間勤務した。私がヒルトンサンボアに勤務していたとき、たしかス

店の正面入口（提供：木屋町サンボア）

ナックなか川宛てに年賀状を書いた覚えがあり、ふねの時代の清志を知るお客さまが、銀座サンボアによくいらっしゃる。縁は繋がるものだとつくづく思う。

そして平成二（一九九〇）年十月十六日、満を持して木屋町サンボアを開業する。四十六歳のときである。現在は、その前年に生まれた長男の涼介と二人で店に立つ。

この涼介は平成元（一九八九）年三月に生まれた。大学卒業とともに大手デパートに勤めに出るが、父が体調を崩し入院することになり、それを機に退社、サンボアのカウンターに入った。せっかく大学に進学もしたし、すぐには継ごうとは思わなかったが、学生時代よりアルバイトとして父親を手伝ったこともあり、「いずれは」との思いは漠然とあった。父の清志は自分の代で閉店してもいいという覚悟ではいたらしいが、涼介は木屋町サンボアの二代目になる決意をした。

サンボアのカウンターに立つようになって一年もしないころ、父の清志が手術のため入院す

ることになった。一人でカウンターに立った涼介は、来店するお客さまに、
「ハイボールかビールしかできませんけど、いいですか」
と、断ってから接客したと言う。

カウンターに立つ初代・中川清志と二代目・涼介
（提供：木屋町サンボア）

ある日、開店準備も終わり、お客さまを迎えようとしていると、一人ふらっと入ってきた人がいた。開店早々からお客さまだと思った涼介の目に飛び込んだのは、入院患者がつける白いリストバンドをした父の姿だった。聞くと外出許可が出たそうだ。無事に手術が終わったと聞いて安堵していた矢先のこと、「まさか」と思いびっくりしたが、それ以上に呆れてしまったと息子は語っている。

仕事も、店も、お客さまも大好きな男だ。しかし本音は息子のことが気がかりで仕方なかったのであろうことは想像に難くない。

サンボアのカウンターに立つにあたり、涼介は父・清志から、祖父・中川護録の教えを守るよう

に言われたそうだ。清志は先代のやり方、考え方を守り、そのまま息子の涼介に伝承しようと考えている。先代の教えのみを守ればいいので、よその店に修業に出す考えは毛頭ない。そういう父を涼介は頑固であるという。

カウンター越しに見る限りでは、いつも柔らかくニコニコ接客しているように見える清志だが、やはりそこは親子、意見の違いでよく口論になるらしい。ここ木屋町サンボアでも京都サンボアでも、親子でカウンターに立つとどうも喧嘩になるようだ。息子たちは一様に、父親を頑固者と言い放つ。

サンボアは頑固親爺が似合うのであろうか。そう言いながらも、涼介は父の教えを素直に受け入れようと考えている。その理由のひとつは、清志の体調面が気にかかるからだ。父が四十五歳のときに生まれた自分が、父と一緒にカウンターに立つ時間が貴重であることを涼介は自覚していると言う。こうしてサンボアは次世代に繫がってゆくのだ。

南サンボアの思い出

私のサンボアは間違いから始まった。そのことはすでに述べた。当時のことをもう少し書こうと思う。面白い先輩がいた。中岡栄一。南サンボアにアルバイトとして入店したとき、チーフバーテンダーとして働いていた。

けったいな男だ。私が初めてサンボアの門を叩き、恐る恐る鍵澤時宗の面接を受けていると

きに、

「チーフ、どや」

「(こいつで) ええんちゃいますか」

と言ったのが中岡栄一である。営業中の髪型は、オールバックというよりソフトなリーゼント、私はよく「散髪屋の髪型のモデル」と言ったが、そんなふうな男前である。

中岡の仕事は実に早かった。お客さまが注文するとほぼ同時と言っていいくらいのタイミングでグラスを出す。タイミングよく出し、そこにさっとウイスキーが注がれる。見事な早業である。ときにはお客さまが注文する前から、そのお客さまが飲み干すのを見てハイボールを作り出すのである。

ところが、グラスを中岡のために用意しても何もしないことがある。

「あれっ」と思っていると、「頼んます、ごちそうさん」とお客さまが言うなり、席を立って出ていこうとする。中岡は、「おおきに」と一言。中岡とお客さまとの間では言葉をかけ合うこともないのである。どうなっているのかと思っていると、違うお客さまとも同じ調子である。

そんなことが何度となく続く。そのうちに「頼んます」は「請求書送ってくれ」という意味だと気づく。現金でお支払いの方は千円札を数枚出し、中岡が小銭を返す。お客さまが支払いの金額を尋ねるでもなく、中岡が飲食代を請求するわけでもない。こんな動作が淀みなく繰り返されていた。

後になってわかることだが、この当時の南サンボアのお客さまは、毎晩決まって同じものを同じ杯数だけお飲みになっていた。銘柄や飲み物の順番が変わるわけでもなく、三杯が四杯や一杯になることもなかった。だから、ご常連がカウンターに座るとほぼ同時に、お客さまの好みの酒が出され、決まった杯数が済むと決まった金額、そのお釣りとなるのである。

今でも、そんな飲み方をするお客さまは何人かいらっしゃるが、いろいろお好みのものを注文なさる方のほうが圧倒的に多い。決定的に違うのは、その当時バーテンダーとお客さまとの間には「会話」のようなものがほとんどなかったことである。もちろんアイコンタクトがあり、「頼んます」「おおきに」くらいの会話はある。なかにはよく話しかけてこられるお客さまもいらしたが、この中岡は「はあ」とか「へえ」くらいで、お客さまのほうもそれはそれで満足されていたようだ。こちらから話しかけることは滅多にしない。「暑いでんなあ」「寒いでんなあ」「雨でんな」「阪神弱いでんな」くらいはしゃべる。

もっとも師の時宗も、「バーテンダーがペラペラ喋るな。お客が話しかけてきたときだけ喋ったらええんや。こっちから声をかけるなんてことは失礼や。注文もグラスが空いたから『お代わり、どうしましょ?』なんて聞くことは下品や。欲しかったら注文しはるし、いらんようになったら帰りはる」とよく言っていた。今はグラスが空きっぱなしになっているのに、声をかけないと「サービスが悪い」と言われる。いい時代だった。

その中岡。実は無口なわけではなかった。その事実はすぐに露見した。私が入店して数日経ってからのことである。

「終わったら、飲みに行こか」と中岡が誘ってくれた。

中岡はよく喋る。酔うとさらに喋る。飲みに行った先の店の人に対してもサービス旺盛である。そのくせあまり酒が強くなく、銀杏並木で有名な御堂筋の、その銀杏の木にゲーゲー「肥し」を施していた。その翌日、南サンボアのカウンターでは、また男前の仮面をかぶるのである。

中岡栄一（提供：南サンボア洋酒店）

けったいな男である。私たちのユニフォームは白いバーコートである。その下はいわゆるワイシャツにボータイ。そう決まっている。しかしこの中岡は面白い男だった。真夏の暑い盛りには、バーコートの下のシャツを切ってしまう。しかも大胆に。バーコートから見える部分しか残っていないのである。襟と胸元と背中が少し……そんな格好をしているくせに、澄ました顔して、無口で、クールな感じの、今で言う「イケメン」バーテンダーである。しかも仕事が早い。
　中岡は早くに子どもを授かった。彼と知り合ったころには三人いた。たしか彼が三十になるかならないかの歳である。そして早くに亡くなった。私が独立して北新地に店を構えてまもなくのころ、四十三歳だったと思う。末期の食道癌だった。病院嫌いのこの男はカップ麺を食べるのに一時間近くかかるようになって、いよいよ観念して初めて病院に行く覚悟をした。すでに手遅れだった。が、しかし手術はうまくいって、転移はまったく見られなかった。奇跡的だった。

彼は何度となく生き返った。早朝の雨の阪神高速道路で、彼の運転していた車がひっくり返り、頭部が陥没したこともあった。それでも、元気になって仕事をしていた。今度も不死身ぶりを発揮するように思ったが、そうは叶わなかった。食道を切除して胃袋を持ち上げる手術をしたのだが、その縫合部分から胃液が漏れて静脈を突き破った。失血によるショック死と診断された。

「いい男やったねえ。男前やし、仕事はできるし。これこそバーテンダーって感じやったねえ。かっこよかったわー」

と当時を語るのは田中充子氏。豪快な女性である。ハイボールをすいすい飲み、ケタケタ笑い、実に気持ちのいい方である。いつもご主人と一緒で、そのご主人・田中重次郎氏もさらに豪快な人である。昭和四十三（一九六八）年、メキシコオリンピックに日本代表としてボート、エイトのメンバーで出場した。大柄な方（奥様も大きい）だが、人物としての大きさにいつも敬服している。学生アルバイトだった私を知る、今では数少ないお客さまである。

ご夫妻は中岡栄一を高く評価してくださり、今でも必ず中岡が話に出てくる。幸せなバーテンダーだった。

そんなユニークな先輩にも恵まれ、アルバイトは楽しかった。それもそのはず、バーテンダーとしてつらい仕事はせずに、営業中だけのアルバイトであったし、お客さまの怖さも理解していなかった。

いつもお越しになるお客さまが、いつも同じところに座り、いつも同じ話をなさる。鍵澤時宗は、すでに老境に入っていたせいもあるが、常連のお客さまによく同じ話をした。

「こないだ、面白い話があってね……」。前回と同じ話だ。それをお客さまが知らんぷりして、「ほー、おもろいね」という調子。このお客さまといえば、毎日フードメニューを要求され、一瞥するなり「ちっとも変わらんメニューやな」と言いながら、いつも同じものを注文する。「それやったらメニュー見なければええのに」と思いながら、どっちもどっちやなと観察していた。

そんなある日、ふだんなら中岡栄一が作るそのお客さまの水割りを、たまたま私が作った。ウイスキーの量、氷の量から水の量まで、いちいちうるさいお客さまで、もちろんそんなことはこちらは承知していたので調整し、お出しした。すると、

「これ、誰が作った!」

「私です」

見てたやろ、と思いながら応えると、

「何が悲しゅうてお前の酒飲まなあかんね。お前いくつや?」

「二十一です」

「俺はなあ、お前が生まれる前からここに座って、同じもん飲んどるんや。マスター、金払うよってに作り直してくれ!」

「……」

「へい、おまち」と鍵澤時宗が作り直す。こちらとしては同じもん作ってるのに、と内心では思い、それこそ「コノヤロー」と思っていた。

その方のお連れ様にも言われた。

「ディケンズの『クリスマス・キャロル』の冒頭は何だった?」

関東の人だ。私が英文科であることを知っての質問だと思った。

「さあ、知りません」と応えると、「そう」でお終い。その後何ひとつなし。これまた「クソーッ」と思ったが、バーテンダーはこんなことまで知っておく必要があるのかと、さすがに勉強不足を悔やんだ。バーは怖いところやな、とも思った。それでも、そんな私を面白がって話しかけてくれるお客さまもいらしたし、救いにもなったが、「クソーッ」「コノヤロー」のほうが強く印象に残っている。その後ろで時さんがニコニコ笑っていたのを今でも覚えている。

昭和六十一（一九八六）年九月、大阪・梅田にヒルトンホテルが開業し、その隣にヒルトンプラザという商業施設が同時にオープンした。その地下二階に南サンボアの鍵澤時宗がサンボア・ザ・ヒルトンプラザ店を開業することになり、私はその数か月前からこの話を聞いていた。私はその前年四月から高校の非常勤講師をしていたが、相変わらず教員採用試験にはしっかり落ちていた。よくよく考えるに、年々私の学力が低下しているところに、少子化が続いている。ということは教員採用の門も当然狭くなる。合理的に考えるとこの辺が潮時かと思い、新しいサンボアのオープニングスタッフに雇ってもらおうと時宗に相談した。

新谷尚人。サンボア・ザ・ヒルトンプラザ店のカウンターにて
（提供：南サンボア洋酒店）

するど例のごとく適当な感じで「おう、俺もお前に頼もうと思っとったんや」という返事。「ありがとうございます。よろしくお願いします」。どうやらこれも例の「早いもん勝ち」やな、と感じていた。

まだこの時点で私には非常勤講師としての契約があったので、昼間は高校でアルバイトの英語の先生、夜はサンボアでアルバイトのバーテンダーをしていた。私は昭和六十二(一九八七)年四月からサンボアの正社員となった。チーフは藤本和之。かつて南サンボアが開業したときに鍵澤時宗とカウンターに立ち、コウベハイボールにも勤めた時宗の義理の弟、藤本数一の息子である。

「マティーニ、作ってくれるか?」とお客さま。

「かしこまりました」とお応えし、ご所望のマティーニをお出しすると、「ふんっ! まあまあやなあ」とお客さま。

この方は不可三《ふかみ》哲夫氏で、私が学生アルバイトだったとき、私の作った水割りを突っ返した方だ。その後も、ぶつぶつ文句を言いながらも私にオーダーしてくださった。気がつけば私のことを「しんちゃん」と呼んでくれていた。教員ではなくこの道を選んでよかったのかもしれないと思った。氏もすでに泉下の人となっている。

ニューヨークとロンドン

昭和六十三(一九八八)年、鍵澤時宗と共にサントリーの白州蒸留所を見学し、東京のバーを何軒か見て回った後、その日の最終の新幹線でのことである。私は時宗に相談した。仕事がどうもやりにくかった。うまくいっていなかった。

「お前の思うようにやったらええ。全部、俺が追認したるから、好きにせぇ」と言ってくれた。ありがたかった。何よりの後ろ盾だった。調子に乗って、そのついでに言ってみた。

「ちょうど十年経ったら独立させてくれますか?」

「かめへん」

「バイトの二年も入れてくれますか?」

「……かめへん」

「ありがとうございます。頑張ります」

さらに調子に乗って、この際、前から考えていたことを言ってみた。

「サンボアって、西洋の文化のバーをやってますけど、誰もまだ本場のバーを観てないんと違いますか? 僕にニューヨークとロンドンに行かせてください」

「行ってこい」

「お金出してくださいね」

「……かめへん」

こんないきさつがあって、私はニューヨークに向かった。昭和六十三年五月のことである。ニューヨークに二週間、ロンドンで一週間、またニューヨークに戻り一週間。一日一食、ニューヨークではデリで済ませ、ロンドンではホテルで出される上品すぎる朝食をとり、昼過ぎからずっと酒場に入り浸った。P.J. Clarke's は一八八〇年代からあるバーである。毎日昼過ぎにはカウンターで飲んでいた。The Algonquin Hotel の Blue Bar も小さくてクラシックな感じが良い。The Plaza Hotel の Oak Bar はセントラルパークから入る光を見事に採り入れた、Blue Bar とは対照的に広々としたバーである。美しい。The Helmsley Hotel にある、Harry's Bar はピアノバーだ。人間味にあふれたバーテンダーがたくさんいる。サービスが見事。21 Club はドレスコードの厳しいアッパークラスの集まるレストランバー。これらはニューヨークにある。ロンドンでは、The Savoy Hotel の American Bar や The Connaught Hotel や The Park Lane Hotel にもよく行った。もちろん昼過ぎはそこら中のパブに通った。

Blue Bar でのこと。初めて行ったその日の昼下がりはとても暑かった。もちろんホテルのバーであるから冷房は効いているが、暑い。小さなそのバーの小さなカウンターの向こうに、酒瓶と一緒にサーキュレーターが並び、上を向いて空気をかき回している。暑い暑いと言っている私を見かねたバーテンダーが大きなタオルを持ってきて、製氷機の氷をキャンディーを包む要領で大量に包むとシンクの水の中に入れ、それをサーキュレーターにかぶせた。瓶棚はもちろんのこと、床やそのあたりに水しぶきが飛ぶ。バーテンダーはにこやかに言った。

「涼しくなったか?」

「オフ・コース……」

なんと大胆な。お客が涼しければそれでよし。濡れたのは後で拭けばいいというところだろうか。

その中でも最も衝撃的だったバーテンダーがジョン・ダフィーという大男だ。当時六十歳は超えていたと思うが、Harry's Barのカウンターという舞台を演じるかのように働いていた。毎晩通った。サンボアしか知らず、サンボアが唯一自分の中ではバーであったが、彼との出会いで新しいバーテンダー像が生まれた。サンボアではバーテンダーは無駄口をたたかないのが鉄則だった。彼は違う。的確にポイントを突いて話しかける。隣の客に私を紹介し、会話が成立すると、「楽しんで！」と言って、去ってゆく。

彼を含めて二人のバーテンダーが六時になるとカウンターに入る。早番と代わるのだ。まず彼は交代で出てゆく仲間に話しかける。

「女房は元気か？」

「調子はどうだい？」

他愛もない話だ。ひとしきりこの儀式が終わると、おもむろにカウンター越しにこちらに振り向く。沢山いる客は彼がカウンターに入ってきた時から彼の動きを視線で追っている。ジョンは一人一人に声をかける。

「やあ、元気かい？」

すると一人のご婦人がカウンターに駆け寄り、

「あら、ジョン！」と言うなりカウンター越しに頬にキスして挨拶する。この儀式も終わると、彼は大きなリーチを広げカウンターにつくと、

「さあ、ご注文をどうぞ」

お客は一斉に注文する。お決まりの儀式とオーダーを一通りこなすと、カウンターの私を見つけ（さも今見つけたふりをして）、

「やあ、ナオト。また会えてうれしいよ。何飲んでるんだ」

と大きな右手で私の右手を握って振り回しながら彼が言う。

「ジントニック」と私。「いいチョイスだ」と彼。

カウンターの中で、こちらに向かって小芝居をする。私はいつもカウンターでコック帽を被った男の前に座っていた。よく話しかけてくれるので、何か少しくらい食べないと申し訳ないと思い、サラダを注文した。ベーシックな出来合いのサラダがあるにもかかわらず、いちいち野菜をこちらに見せて好みを聞く。ドレッシングの好みも聞く。その間二十分。ほかの料理が滞り出したことに業を煮やし、ジョンが来る。

「注文がたまっているぞ。さっきから何してるんだ?」と言うと、コックは「ナオトのためにサラダ作ってるんだ」。ジョンは親指を立てウインクし、コックに言う。「おお、そうか!」

もちろんこちらも同業者で、喜ばせるための芝居であることはわかっているのだが、嬉しくなる。すべてにおいて鷹揚で、豊かで、華やかで、何より親切である。あたかも「君にサービスするために生まれてきた」かのような振る舞いをする。それもすべてのお客さまに向かって、しかも平等にである。私は、あなたのようなバーテンダーになりたい、どうすればいいか聞いてみた。彼は一言、

「良心だよ」

私はバーテンダーとしての二人目の師を得たような気がした。

ここ数年、ニューヨークに行く機会があり、四半世紀ぶりに昔行ったバーを訪ねてみた。Blue Bar はまったく変わっていた。Harry's Bar はホテルごとない。21 Club はマイナーチェンジした。ドレスコードもずいぶん緩やかになった。男性はノーネクタイでもジャケットを着ていればよく、ご婦人はジーンズ、スニーカー以外はＯＫ。以前は半数以上の客がブラックタイとイブニングドレス姿だった。街自体が安全になり、服装で人間をチェックする必要がなくなったのがその理由と聞いた。

若いバーテンダーに「二十五、六年前にここに来た」と言うと、「僕は生まれていない」という答えが返ってきた。

Oak Bar はそのままの姿をとどめているようだが、閉鎖され、今は営業していない。一番残念なのは Blue Bar である。かつてはホテルの入口を入ると右にあったように記憶するが、今は左側に移動し、しかもその名の通り真っ青の照明で店内が満たされ、カウンターにいたってはＬＥＤの照明がぽつぽつ埋め込んであり、どうしてこんなに変わったのか理解できない。しかし、21 Club はマイナーチェンジしたものの健在であり、P.J. Clarke's にいたっては何ひとつ変わっていない。旅で訪れる者にとって、再び迎え入れられたような安心感がある。私たちもかくあるべきだと痛感する。

北新地サンボア、銀座、そして浅草

平成六（一九九四）年十月、私は北新地で独立を果たした。後見人は堂島サンボアの二代目・鍵澤正である。大阪のサンボアには二人で回って独立の了承を得た。京都の三軒は、寺町の京都サンボアに集まってもらった。木屋町の中川清志は都合がつかず、「承認します」との伝言を京都サンボアの三代目・中川宏に託してくれていた。残念なことだが、一人目の師匠、鍵澤時宗は私の独立を待たずに他界していた。「おもろい」ことの好きだった彼は、喜んでくれたであろう。私はサンボアの経営者としての資格を得たわけだが、三十三歳のこのときに「サンボアとして生きる」決意をした。時宗に十年ちょうどで独立を許してもらうと言ったときに、その先の十年後のことは頭の中にあった。東京・銀座でサンボアの看板を掲げることである。

東京に出てきたのは平成十五（二〇〇三）年だった。知り合いのバーは数軒あり、心安く接してくれたバーのオーナーも数人いるにはいたが、大阪から出てきた同業者をそう簡単に受け入れてくれるようなことはなかった。二、三年経ったころ、お客さまからいろいろ話を聞くことになる。銀座界隈のご重鎮が、いろんな噂をしてくれていたようだ。当然ながらネガティブなものだったと聞く。無論こちらは右も左もわからないので、がむしゃらにやるべきことをやるしかなかったし、銀座にこの業界のルールがあるとしても、そんなことは何ひとつ知らなかった。しかもサンボアのスタイルは変えるつもりもなかった。だから、そんな噂は数年経つまでは聞こえてこなかった。それより嬉しかったのは、サンボアの東京進出を喜んでくださるお客さまが何人もいらっしゃったことである。

その一人はもともと堂島サンボアのご常連で、当時は東京のある会社で社長をされていたが、わざわざ遠くからほぼ毎日、しかも四時くらいにはお越しくださっていた。

「ちょっと電話貸してくれるか」とおっしゃると、会社に電話をかけて「おい、何してんのや。会議？　アホちゃうか？　会議ばっかりやっとる会社は潰れんぞ。ナニ、五時半まで勤務時間やて？　わしが社長や、社長が言うてんねや、はよ来い。わしがベロベロになって潰れてまうわ」。

しばらくしてやってきた社員の方数名と痛飲し、「おおきに、また来まっさ」。これがほぼ毎日続いた。この方は那須善彦氏とおっしゃる。彼の父も堂島サンボアのご常連で、祖父は「阪神間モダニズム」のころ、神戸・住吉村に広大な土地を持ち、汚染された大阪からやってきた富豪のひとり那須善治氏である。氏は生活協同組合の「コープこうべ」の創業者でもある。

ご夫妻でお越しくださる方もいた。いつも穏やかでありながら、やや皮肉屋で、お洒落で、少しお体が不自由なご主人と、いつもニコニコそばに寄り添い、よくおしゃべりをなさる奥様。

「源ちゃん（ご主人）の体がこんなだから、一緒についているのよ」と奥様。「おれもこんな体じゃなかったころはクラブ通いで、さとこ（奥様）と飲んだことなんかないよ」とご主人。

いいご夫婦である。

三時過ぎから、ずっと何時間もカウンターに張りついて飲まれる方もいらっしゃる。酔うと必ず、「本当にサンボアが東京に来てくれて、嬉しかった」。同様に「東京進出」を喜んでくださる方がいた。聞くとその方は卒業後、大阪に配属が決まり、そのとき、先輩に連れていかれたのが堂島サンボアだった。そして自分のお金で「サントリー角のハイボール」を飲むのが目標になった。そうこうしていると東京に赴任、そのまま退職された。その方は「バー『サンボア』東京へ行く」という朝日新聞に掲載された記事を読み、「サンボアのほうから東京に来てくれた」と喜ばれ、奥様とお越しくださった。サンボアで一杯飲むことを励みに病魔と闘っていたと奥様が言ってくださった。そんな話を聞くと、誰に何を言われようがそんなことはどうでもいい気になった。こんなお客さまに助けられ、今までやってこられた。

開店当初、同業のマスターが私を助けてくださった。ものすごく怖い顔をした、恐らく銀座で一番怖い顔をしたマスターで、店のショップカードを大量に持ってお帰りになり、ご自身のお店のお客さまに配ってくださった。なくなるとまた取りに来てくださる。よく面倒を見てくださった。優しいが、怖い。彼が生まれ故郷の秋田に帰って、銀座のときと同名のバーを始められた。そのおかげで、私の銀座の怖い顔ランキングがひとつ上がってしまった。

店にうかがうたびに、「おう、頑張ってる？　もうかってる？」と手を上げて迎えてくれるマスターもいる。店は新橋にある。本当に大らかなマスターである。大らか過ぎて、私が飲んでいるグラスにどんどんウイスキーを足して、ハイボールの注文のはずが、だんだん濃くなり、何杯飲んだかわからなくなってしまう。

「ごちゃごちゃ言わなくてもいいんだ、飲め」

いつも酔わされる。

サンボアの営業が終わってから、よく通った店があった。店主がぼんやりしているのだ。きちっとした修業を積んだ仕事をしているのだが、そのキャラクターのせいかのんびりしているように見える。こちらからものを言わなければずっとぼんやりしている。あるとき、寝ているのではないかと疑ったこともあった。それが仕事でピリピリしていた自分をリセットするのにちょうどいい居心地だった。本当に彼女には感謝している。彼女の名誉のために言うが、仕事のできるバーテンダーである。

平成二十二（二〇一〇）年十月には、堂島サンボアで修業を積んだ津田敦史が、数寄屋橋サンボアを名乗り、同じ銀座で自身の店を開業した。また少しサンボアが東京のお客さまに馴染んでいただけるようになった。そのうえ、翌二十三（二〇一一）年二月には浅草にまで出店することができた。ありがたいことだ。

「街の角かどに、サンボアがあったらおもろいな」

そう言った鍵澤時宗は、喜んでくれているだろうか。北新地や銀座、浅草の店のカウンターを飾る銘板がある。お世話になったお客さまのメモリアルプレートだ。天国でお客さま方は喜んでくださっているだろうか。

鍵澤正の死

早すぎる死だった。鍵澤正。享年六十七歳。堂島サンボアの二代目オーナーである。平成十四（二〇〇二）年八月二十四日のことだった。肺を患っての死。聞くところでは、学生のころより正の片方の肺はあまり機能していなかったようだ。入退院を繰り返し、無理をしながらも、それでも体調のいいときは昼間には店に出て雑務をこなしていた。しかし、それにしても早すぎた。

鍵澤正は昭和三十年代、叔父である鍵澤時宗の経営する南サンボアのカウンターで修業を積んだ。私にとっては遠い兄弟子に当たる。私が独立して北新地サンボアを開店した際、正はすでに他界していた時宗に代わり、後見役として私を推挙してくださった。

サンボアには厳格なルールがある、最低十年以上の勤務ののち、各サンボアのオーナーの承認を得たうえで初めて独立が許されるのである。その意味では、私にとって正はこの世界で二人目の親父である。その後も、亡くなる直前まで何かにつけて相談にうかがい、アドバイスをいただいた。

堂島サンボアの創始者である鍵澤正男の写真を雑誌で見て知り、憧れてサンボアに入門したはずが、そこは同じ顔をした正男の弟・時宗の南サンボアだったことは以前にも触れた。間違

二代目・鍵澤正。堂島サンボアのカウンターにて（提供：数寄屋橋サンボア）

いがなければ本当は堂島で修業していたかもしれない。もっとも続かなかった気もするが……奇妙な縁である。

鍵澤正はある日突然、見事な白髪になった。しかもストレート。私の知るかぎりでは黒髪の天然パーマだったのだが、次第にグレーが混じり……聞くに聞けない私に、正は「俺はピンクもオレンジも持ってるで」とおどけて言った。おかしな人である。

堂島サンボアのバーテンダーだった津田敦史が、正が亡くなったその日、訃報を受けて顔面蒼白で走り回っていた。津田は「最後の弟子ですから」と語った。

この言葉に私は心が震えた。彼の働きをねぎらい、冷静になるよう励ます思いで、その晩、彼と飲み交わした。亡くなった正の思い出をいろいろ話しているうちに、酔いの勢い

堂島サンボアの二代目・鍵澤正と南サンボアの二代目・鍵澤和子。サンボア80周年を祝う会にて（提供：南サンボア洋酒店）

もあってか、津田は号泣。本来涙もろい私も涙は隠せなかった。

「たった四か月しかいっしょに働けなかったんです。マスターは自分に、お前はわしの最後の弟子や、ってゆうてくれたんです」

涙でぐしゃぐしゃになった津田は、絞り出すように語った。私の手を握る彼の手から、深い悲しみと悔しさが伝わってきた。サンボアの将来は案外大丈夫かもしれない、と思った。

通夜の後、北サンボアの二代目・大竹司郎がこうつぶやいた。

「同じ年に、まったく同じ境遇で生まれた正さんがな〜。さみしいな〜」

その場に偶然居合わせた堂島サンボアのご常連が、目を真っ赤にし、嗚咽を漏らしていた。

翌日、葬儀の後で店にお越しになった古くからのお客さまが、堂島の行く末を案じておられた。その中に、前述の奥田氏が交じっていた。その昔、堂島で修業し、のちにサントリーバーおくだを開業した奥田俊一氏である。

「いいかたちでな、大好きな堂島を残してほしいんや」と言っていた。

私には確信がある。鍵澤正男の遺志を正が継ぎ、またそれを三代目・秀都が継いでゆく。それに、私の手には津田敦史の熱い思いの記憶が残っている。若い芽が育ちつつある。

鍵澤正が残した堂島サンボアは、その息子である秀都が継いだ。彼が父と一緒にカウンターに立つようになって間もないころだったと思うが、当時、北新地の東、御堂筋に面したところに東映会館があり、その近くにおでんの屋台が立った。そこで二人で飲んだことがあった。秀都は言った。

「『お前はあかん、親父とは全然違う』って、お客さんに散々言われる」

かなり思い悩んでいるようだった。

「正さんも、おんなじようにお客に言われてたんちゃうか。みんな好きなこと言いはる。頑張るしかないなぁ」

と私は言ったが、親の跡を継ぐのも大変やな、と思った。お客さまにとっては、自分が慣れ親しんだサンボアが一番で、息子であろうとそれは新参者でしかなく、容易には受け入れがたいところもあるだろうし、それより「鍛えてやろう」といった一種の親心もあるのだろう。しかしながら、そのときの悔しさが、のちに堂島サンボアを背負ってゆく秀都の血肉になってゆくことは間違いない。堂島を背負うことは容易なことではないが、厳しかったお客さまが一番の味方になってくださる。秀都にもきっとそんなお客さまがたくさんできるだろう。

数寄屋橋サンボアと津田敦史

津田敦史が満を持して念願の独立を果たした。平成二十二（二〇一〇）年十月。数寄屋橋サンボアと名乗った。サンボア・ザ・ヒルトンプラザ店でのアルバイトからスタートし、さらに堂島サンボアと合わせて十年の修業に耐え、堂島サンボアの鍵澤秀都の推挙で各オーナーの承諾を得ることができた。

津田は最初、北新地での開業を考えていた。これは私が独立したときと奇妙な縁で結ばれている。

前にも触れたが、平成六（一九九四）年、私が北新地で北新地サンボアと名乗り、自分の店を持つことが叶った。独立にあたって私は、堂島サンボア二代目の鍵澤正に後見人になってもらった。ところが、そこに至る前に私の知らない問題が起こっていた。

私が勤めていたサンボア・ザ・ヒルトンプラザ店のオーナーは、私の師である鍵澤時宗の長女、菊川康子である。しかし実際は、その夫である菊川起男が経営のすべてを見ていた。その彼に言われた。

「にいちゃん（鍵澤正のこと）は、ホンマに新地に出してもいいいって言ったんか。ちゃんと聞いてんやな。ちゃんと確かめときや」

私は何のことやらわからなかった。菊川起男は自身の会社を経営しており、多忙を極めていたが、その多忙のさなかで自ら正に、「本当に新谷が北新地で独立してもいいのか」と聞きに行ってくれたそうだ。菊川の頭の中には、尾田和男が島之内サンボアとして独立したときのことが引っかかっていた。堂島の初代・鍵澤正男、正の父は、尾田の北新地での独立を許さなかったからだ。

しかし、私の想像に過ぎないが、鍵澤正の頭の中にも尾田和男のことが思い浮かんでいたに違いない。正は昭和三十年代、叔父である鍵澤時宗の経営する南サンボアで修業している。北新地での独立を果たせなかった尾田を、南サンボアに近い島之内の店を紹介してミナミに招いたのは、正の師匠の時宗である。そして昭和五十年に尾田は島之内で独立を成し遂げた。この時宗の性分が弟子に影響を与えたのではないだろうか。正にとって私は遠い弟子である。正は私の北新地での開業を快く承諾してくれた。

さて津田敦史である。やはり北新地での開業は許されなかった。堂島サンボア三代目の鍵澤秀都にはもちろん考えがあった。このエリアには堂島サンボアもあれば北新地サンボアもある。北新地サンボアで八年間勤めた佐藤慎亮《しんすけ》が、独自のバーを目指し独立したバー・アルルカンもある。佐藤はユニークで愛すべき男である。また祇園サンボアに縁のある和田弘美が経営するバー・サシャもある。和田は祇園のお茶屋、も里多のバーで修業し、中川歓子の絶大な信頼を得ている。

狭い北新地に三軒目のサンボアを作ると苦労するという、堂島サンボアの創業者・鍵澤正男

カウンターに立つ津田敦史（提供：サントリー Whisky Voice）

と三代目・秀都の考えは似ていた。別の土地でサンボアの名前を広め、より多くのサンボアファンを求めたほうがいいと、秀都も考えていた。これはもっともな考えである。私は師である鍵澤時宗、恩のある兄弟子・鍵澤正に倣い、津田敦史を銀座に招いた。

話は多少前後するが、佐藤慎亮が北新地サンボアで勤め出して三年目、私は銀座サンボアを出店した。佐藤に北新地店を託したのだ。無謀とも思ったしそう言われたが、彼は見事に期待に応えてくれた。期待以上の結果を残してくれた。彼の存在なくして私の銀座出店はなかったかもしれない。少なくとも数年は遅れたであろう。彼には感謝している。佐藤は現在、バー・アルルカンに続いて二店舗目のスタンド・アルルを開業し、多くのファンを集めている。

津田敦史は銀座サンボアで一年半近く勤務した後、夢を具現すべく銀座数寄屋橋通りに店舗を構えた。「数寄屋橋サンボア」と名乗ったのには理由がある。銀座の名称はすでにあるので使えない。かといって、店のある「数寄屋橋通り」の呼称は、銀座を知る者以外にはあまり広く知られていない。関西方面ではまったく理解されない。しかし、数寄屋橋の交差点ならかなりの知名度がある。ならば「数寄屋橋サンボア」でいいではないか、ということになった。

実際は銀座サンボアのほうが数寄屋橋交差点に近い。そこは晴海通りと外堀通りが交わる大きな交差点だ。そこを日比谷方面に行くと、外堀通りと平行に新橋に向かって続く道が数寄屋橋通りだ。そこから三ブロック新橋方面に歩いてゆくと銀座七丁目に来る。その左手にクリーム色のドーム型のテントが見える。それが数寄屋橋サンボアである。一階の路面店。実にコンパクトなバーにスタンディングカウンターが見事に整った姿をしている。カウンターの後ろのバックバーの両端の飾り戸棚は、堂島サンボアの鍵澤秀都から譲り受けたものだ。サンボアへの思い、師匠・鍵澤正に対する敬意など、そのすべてがこめられた小さな店である。その思いをしっかり受け止め、見守るかのように、ショーケースの中で正の写真がほほ笑んでいる。

この写真を見た堂島サンボアの古いお客さまが涙ぐんだと聞いた。彼の思いもそのお客さまには届いたであろう。サンボアのDNAといったものがあるなら、確実にここに引き継がれている。津田敦史はサンボアのまさに申し子である。

天神橋サンボアと田中一彦

平成六（一九九四）年、北新地サンボアが開業した。田中一彦が北新地サンボアにやってきたのは平成十五（二〇〇三）年八月のこと。この年の七月、私が銀座に出店するために新しく北新地に加わったスタッフである。彼はその前には大阪・難波にある南海サウスタワーホテル（現在のスイスホテル南海大阪）のバー、セブン・シーズに勤めていた。私もたびたび訪れたが、そこでよくサンボアのお客さまに出会った。谷勝彦氏である。ミナミは言うに及ばず、大阪中のバーを知り尽くした、私たちバーテンダーにとっては名伯楽といった存在であった。

私は氏にはよく可愛がっていただいた。私がサンボア・ザ・ヒルトンプラザ店に勤めていたころ、時さんにバーの視察に行く計画を提案して、ニューヨークとロンドンに行くことになった。そのときにも、いつもお持ちになっていたご自慢のカメラを、「これ、持って行き」と手渡すのである。

「いいえ、壊れたりなくしたり、盗られてもいけませんし。遠慮します」と言うと、「差し上げるわ」と、こんな調子である。

その南海サウスタワーホテルのバーでお会いしても、ミナミの吉田バーでお会いしても、どこでお会いしても、バーでの支払いはいつの間にか終わっていて、それどころか食事にまで連れていってくださった。

そんな谷氏が、「君、サンボアの新谷さん知ってるか？　友達になっときや」と田中一彦に語ったそうだ。そのことは彼が北新地に勤め出すようになって聞いた。大勢いたサウスタワーのバーテンダーの中で、彼にだけそう言っていたらしい。田仲は北新地サンボアに就職の面接に来たときに、初めて私を知ったらしい。そして谷氏と縁の不思議さに驚愕したと言っていた。そのときはすでに谷氏は病床に伏しておられ、田仲が私の店に勤めていることをご存じなかった。そして、知らないままに旅立たれた。

田仲は言う。「北新地サンボアで働いていることを、谷さんに知らせたかったし、見てもらいたかった」と。

その田仲一彦。大男である。空手の有段者で、なんと新人戦では日本でも一位だったとか。しかも私の卒業した大阪府立市岡高等学校の後輩であった。その当時、彼の高校の同級生も勤めていたのはまったくの偶然だった。不思議な縁である。高校当時、彼は植物部。乙女の心をもつ大男の強者、それが田仲一彦である。というより、彼は幼いころからとても優しい子どもで、それを心配した親が空手を勧めたと聞いた。それがめきめきと頭角を現した、という流れらしい。

その男が十年辛抱した。私はずいぶん彼を叱った。「出社に及ばず」と言ったこともあった。しかし田仲はめげなかった。いや叱られたことの重大さを感じなかったといったほうが正解かもしれない。いわゆる「鈍感力」の持ち主か。その半面、ガラスのハートの持ち主でもある。不思議なメンタリティーをもっている。些細なことを気にするかと思えば、「そこは気にしろ」というところには気がつかない。悪人には程遠い超のつく善人、かと思えば無神経。腹が立つかと思えば不思議と憎めないキャラクターの男である。

田仲の独立にあたってはかなりの不安もあった。「まだ早い」とも何度も思った。だが、そ

天神橋サンボア開業の日の田仲一彦と妻あゆみ
（提供：北新地サンボア）

のすべてが杞憂であった。天神橋筋商店街という全国的に知られた、南北二・六キロメートルに及ぶ日本一長いといわれるアーケード商店街が大阪にある。実に庶民的でいつも大勢の買い物客で賑わっている。中ほどには天満市場があり、プロ御用達の鮮魚店、精肉店、青果店が並ぶ。もっとも最近は大きな建物の中に収まり、昔の風情は半減している。

さらに南へ行く。「天神さん」の愛称で大阪町衆に愛されて篤い信仰を傾けられている大阪天満宮がある。この神社の祭事である天神祭は全国に広く知られている。近年、この商店街の裏道にスポットが当てられ活気が出ているが、まさしく天神橋サンボアもそんな商店街の横道に少し外れたところにある。大阪市北区天神橋三―八―三、一階がサンボアでその上階に田仲夫妻が暮らしている。

天神橋サンボアを知る人は「和風」とか「和テイスト」とかおっしゃる。私はそうは思わない。かつてサンボアが誕生した大正時代、西洋文化に憧れ、進んで暮らしに取り入れようとしたその趣、その当時のハイカラ、モダンと言ったほうが適当ではないだろうか。いずれにしても、ユニークな男がユニークなサンボアを創った。平成二十五（二〇一三）年八月三日創業。十四軒目のサンボアの出足は順調。彼の夢の詰まった天神橋サンボアは、多くのお客さまの支持を受けている。彼は愛すべきバーのマスターになった。いつも傍らにいる、妻のあゆみが嬉しそうである。

中川立美の急逝

祇園サンボアの二十周年を祝う文章が出てきた。二十周年といえば平成四（一九九二）年である。「祇園サンボアと私」と題するエッセイを山口瞳が書いた。言わずもがなではあるが、昭和三十三（一九五八）年にサントリー（当時「壽屋」）に入社、開高健、柳原良平とともに、サントリー宣伝部の黄金期を築き上げた人物である。長文だが、酒場の匂いが感じられる名文なので、そのまま引用する。

酒場らしい酒場へ行きたいと思った。酒場らしい酒場とは、静かで洋酒の種類が多くてバーテンダーの腕がいいといった意味である。それで全体に上品でなくてはいけない。また、私の好みで言えば適度に繁盛していないといけない。

神戸のアカデミーと大阪のサンボアを教えてもらった。当時サントリーに勤めていて、大阪本社で会議のあるときは、終わってからサンボアへよった。まず最初に、椅子がなくて立って飲む店であることに驚いた。そのくらい酒場について無知だった。よく考えてみればBARは棒なのだから、立って横棒に足を乗せるだけでいいことになる。西部劇のジョン・ウェインだって立って飲む。サンボアへ行った初めての日は、午後の会議が終わって小腹が空いていたので、何かオツマミはありませんかと訊いてみた。「は？ 何もないんですが」と老いて威厳のあるバーテンダーが困ったような顔で答える。「いやあ、チーズか何かあるかとおもって」「チーズですか。そんなら買ってきます」。そう言って外に出て行こうとする。これには本当に吃驚した。そう言われてみるとジョン・ウェインがピーナッツを頬張ったりする場面はない。いきなり、負けたと思った。それが馴れ初めである。神戸のアカデミーには行ったことがない。ご縁というものだろう。

サントリーを退職してものを書く商売になってから、大阪よりも京都へ行く機会が多くなった。教えられて寺町のサンボアに通うようになった。淀の競馬場に菊花賞があれば帰りにサンボアへ寄る。西の方に講演旅行に行けば皆と別れて一人だけで京都に一泊する。そのうちに祇園に定宿が出来てしまって、祇園にもサンボアがあることを知り、ママさんの中川よし子さんとも親しくなった。その二鶴という定宿と、二鶴とは背中合わせの山福という一膳飯屋とサンボアの三角形しか歩かないことが多くなった。京都へ行くと言ったって、せいぜいで百メートルを歩くだけだ。貧乏ったらしいのか贅沢なのかよくわからない。

あるとき、恐ろしい不幸が中川よし子さんを襲った。開店二十年だそうだがあの事件からも二十年に近いと聞き、そのことにも驚いている。正直に言えば、漠然と、祇園のサンボアは駄目になる、おっつけ無くなってしまうだろうと考えていた。一口に根性とか魂とか精神力とか言うのだけれど、いま思えば、よし子さんの気力を賞嘆するほかに私には手立てがない。サンボアというのは、ご承知のように、なまじっかな酒場ではないのである。日本最古の日本を代表する酒場だと言ってもそれほど言い過ぎにはならないだろう。それを、女一人で、祇園という煩い土地で（客も煩い）やってゆくことが出来るだろうか。私は大変に悲観的であった。

よし子さんが東京の酒場を教えてくれと言う。私はボルドー、クールなどへお連れした。客あしらいの勉強という意味で小料理屋の鉢巻岡田へもご案内した。よし子さんの目が輝いて貪欲な感じがした。何でも学び取ってやろうという気迫に溢れていた。精力的だった。よし子さんは、そんなところから出発したのである。

それ以降のことは関西在住のサンボアの常連客のほうがよくご存じだろう。まだ見ていないのだが、祇園の店が広くなったという。祇園で、たとえ一坪でも店をひろげるのは容易ではないということぐらいは私にもわかる。中庭つきと聞いて仰天している。早く見に行きたい。

そのうえ、東京のトニーズバーで修業していた長男の立美さんが一本立ちしたという。

トニーズバーも、いわゆる酒場らしい酒場の一軒であって、かねがね私も敬愛している。これで祇園のサンボアにもう一本の筋金が通ったことになる。

こんなに嬉しいことはない。自分の贔屓にしている店が繁盛するのが私にとっての最大の喜びである。どうか盛大にお運びの程をと、本当に平伏してお願いしたいような心持ちになっている。

山口瞳の、中川よし子（すでに歓子に改名していることは先述した）の守り続けてきた祇園サンボアの歩んできた苦難の道のりを、心底から理解し、同時に案ずる温かい眼差しがにじみ出ている。また長男の立美に期待する思いもよく伝わってくる。当時、立美はまだ三十歳であった。

山口瞳の文章にある「よし子」を襲った「恐ろしい不幸」とは、昭和五十一（一九七六）年二月二十五日、夫、中川志朗の急逝のことである。四十二歳。祇園サンボアを立ち上げてたった四年後のことである。そのとき歓子は三十六歳、立美は十三歳だった。その後の苦労は、並々ならぬものであったことはすでに述べた。

信じられないことが起こった。平成二十八（二〇一六）年一月十三日、二度目の「恐ろしい不幸」が歓子を襲ったのだ。立美が急逝したのである。五十三歳の若さだった。訃報は東京在住のお客さまからだった。その日のうちに大阪の各サンボアには知らせたが、続々とお客さま

店の正面入口。のれんの字は山口瞳氏による（提供：祇園サンボア）

から電話を頂いた。こんな試練がまたもや祇園のおかあはんに襲いかかるとは、私には思いもよらなかった。実は立美が入院しており、容態が思わしくないこと、カウンターに再び立つことは難しいことなどは聞き知っていた。ただ、こんなに短時間で逝ってしまうとは……通夜、会葬と忙しい中、気丈に立ち働いていたおかあはんの心中はいかばかりか、想像を絶する。

「悲しいゆうより、情けなおすなあ」

涙をこらえて弔問客に接する姿には、性根の据わった祇園女の風格が感じられたが、とうとう目尻に溜めた涙が一筋こぼれた。その後ろ姿はひとまわりも、ふたまわりも小さくなって見えた。

中川立美は多くの方に愛されていた。彼の訃報で改めてそのことを認識させられた。生前の彼の、大勢の方との付き合いの広さ、深さには驚かされたが、その元となったのは、彼が東京・新橋にあったトニーズバーで修業した二年間であろう。彼と同年代で、そのころ銀座で夢や苦労を共有したバーテンダーは数多く、そのうちの多くは現在、彼ら自身の店を持ち、活躍している。立美の通夜、会葬に参列してくれた日本バーテンダー協会の重鎮たちは、立美と同年代で、同じ地で同じ時代に修業に励んだ、いわゆる同志だったのではないだろうか。

そのトニーズバーと立美を繋いだのは母である歡子で、その歡子に東京での知己を得るきっかけを与えたのが、山口瞳である。その山口瞳が歡子の連れ合い、志朗の死を悼み、歡子と祇園サンボアの行く末を案じ、また立美の修業を終えて祇園に帰ってきたことを喜んで、常に暖かく祇園サンボアを見守っていてくれたことは先に述べた。しかし、まさかその立美が七十六歳の母・歡子を置いて他界するなど、想像もしなかったであろう。五十三歳の若さで亡くなった本人もさぞかし無念であろうし、この世に残してゆくことになった多くのものが、さぞ気がかりであっただろう。奇しくも父親と同じ運命をたどるとは誰も想像しなかった。やはり逆縁はどう考えても親不孝である。

山口瞳氏と中川歡子（提供：祇園サンボア）

この立美、親不孝は今に始まったことではなかった。大学卒業を機に、母・歡子は在学中から、レストランでアルバイトをしていた息子に命じた。

「フランスにでも行って、職でも探しておいで！」

母は息子に百万円を手渡し、航空券から宿泊するホテルまですべて自分で段取りをつけて送り出した。武者修行に出したのだ。少なくとも歡子はそのつもりだった。が、十日あまりで息子は舞い戻ってきた。一流レストランで美味しいものを食べ、酒瓶を山ほど抱えての帰国であった。

「言葉なんか全然わからへんのに、仕事なんか見つかるもんか」

立美の言い訳だった。しかも、聞くところによると、渡仏は大学から行くことになっていた話で、積立をしていたらしいが、そのお金も、どこかに霧散していたそうだ。

それだけではない。卒業後も、立美はフレンチやスパニッシュレストランでアルバイトをしていた。アルバイトながら責任者にも抜擢されたと聞く。そんなさなか、歡子は東京のホテルオークラに立美の就職の話を持ちかけていた。サンボアを継がす布石にとの思いからである。面接が決まった。が、立美が逐電した。慌てた歡子は立美の弟である幸二を伴って、オークラに謝罪に向かった。

「母親や弟が来ても、仕方がない」

当然の対応である。この親不孝者は何を考えていたのか、さっぱりわからない。

そのあと、これまた母親のつてで、トニーズバーに入ることになった。今度は諦めたのか、進んで行ったのかは知らないが、二年間勤めた。この経験が彼の大きな財産となるのである。その後、平成二（一九九〇）年一月、いよいよ実家の祇園サンボアのカウンターに立つようになった。

彼の最大の親不孝は、なんといっても老いた母を残して他界したことである。しかし、次の世代の祇園サンボアを担うであろう息子、歡子にとっては孫の瑞貴《みずき》を遺した。この愛すべき親不孝者の中川立美は、希望の種を置いて逝った。まだ右も左もわからない若者を、おかあはんは厳しく育てるだろう。老いてゆくことも許されない状況である。いや九十歳まで、百歳まで頑張りそうだ。祇園の女は強いのである。案外、立美は親孝行なのかもしれない。

鍵澤秀都《ひでと》と大竹順平

この二人の境遇はそれぞれの父の境遇とよく似ている。二人の父はともにサンボアの二代目として同じ昭和十（一九三五）年に生まれた。昭和四十二（一九六七）年六月四日に鍵澤秀都が、翌年の四十三（一九六八）年十一月二十四日に大竹順平が、それぞれ堂島サンボア、北サンボアの三代目として生まれた。サンボア創業者の岡西繁一から出た鍵澤家、大竹家の三代目に、その祖父、父の話を聞いてみた。

鍵澤秀都は平成二（一九九〇）年六月、大学を卒業して二か月後に父である鍵澤正の店に入った。もっとも、彼は調理師になりたかったので大学には行きたくなかった。父には絶対に行かないと言っていたが、とにかく入学するように説得されてしぶしぶ大学に入った。しかし、入学式の翌日に「やめる」と言い出した。「入学しろと言ったから入学した。もうええやろ」というのが秀都の言い分だった。まったく大学には興味がなかったらしい。が、また父親の正に押し切られることになる。「あかん、行け」の一言だった。

「よーし、そうやったら一日でも早くこんなところ出てやる」という一念で、一日も休まずきっちり卒業した。

一方、大竹順平は平成四（一九九二）年に大学を卒業した後、アパレル企業に入社。その三年後の平成七（一九九五）年八月に父である大竹司郎の店に入る。大学のころから休みのたびにサンボアのカウンターで父の手伝いをしていたし、父の跡を継ぐことに対して何の違和感もなかったが、一生の仕事になる前に、一度は外の仕事をしてみたかった。

しかし、入店の時は意外と早く来た。司郎がカウンターに立てなくなったのだ。頸椎ヘルニア。腕が上がらない。完治も五分五分。「会社を辞めて店に入ろう」、順平は決意した。この点は先に述べた木屋町サンボアの中川涼介と同じ境遇である。

秀都は堂島サンボアの創業者である祖父・鍵澤正男の印象をこう語っている。真面目。几帳面。一度言い出したら後には引かない、そんな感じだった。小学生のときの思い出が面白い。誕生日に「グローブがほしい」と祖父に願い出た。ところがすぐに気が変わり、レールの上を高速で疾走する車のおもちゃ、スロットカーと言うらしいが、それがいいと言い出した。

それを聞いた父の正は、「そんなこと親父にゆうたら絶対アカン」と、秀都が祖父に告げるのを必死で阻止しようとした。一度グローブと言ったらグローブ。一度決めたことは変節しない。小学生の子ども相手でもそうだったらしい。

カウンターに立つ三代目・鍵澤秀都
(提供：堂島サンボア)

秀都が子どものころのエピソードをもうひとつ。彼にとっては大叔父、私にとっては師匠である鍵澤時宗は「近所の金持ちのおっちゃん」といった印象だった。というのも、正月のお年玉が小さいころから一万円だったからだそうだ。ところが祖父の正男は、小学生低学年はいくら、高学年になるといくら、さらに大きくなるといくらと、まあ一般的な与え方をしていた。このあたりも、兄・正男と弟・時宗の性格の違いが垣間見られる。秀都の印象は、私のそれと酷似している。几帳面で真面目な祖父と、雑で大らかな大叔父。間違いから始まったとはいえ、自分の性格を考えるとつくづく私は南サンボアに入ってよかったと思う。

正男は元来酒に強くない。晩酌もしない。当時堂島サンボアの二階に住んでいたこともあり、町内会の付き合いの飲み会では飲んだらしいが、いつも大酔いしていた。地下鉄西梅田のあたりで酔って座り込んでしまっているところをご常連に発見され、正が大慌てで駆けつけたということもしばしばあったらしい。もちろん、こんな話は秀都も聞き伝えで知ったことで、実際には祖父の正男とはあまりしゃべった記憶もないという。

大竹順平は祖父・金治郎のことをこう語る。父・司郎が家業に入ったのが昭和三十二（一九五七）年、その二年後の三十四（一九五九）年には金治郎は病に倒れ、昭和四十八（一九七三）年逝去。順平は四歳だった。物心ついたときから祖父は病床に伏しており、直接の記憶はなく、祖父の死後にお客さまや父の司郎から聞く話しか知らないという。一様に厳しい人、頑固な人だったという。女性客も好まなかった。父・司郎の代になって女性客を受け入れるようになった。古いバーにはよくあることで、バーは男の社交場という考えが根強かった時代である。この考え方は堂島でも同じで、ご常連が何度か連れてこられたご婦人を、自分の連れだからということで一人での来店を認めるよう求めたが、静かに首を横に振って断ったという。金治郎は大酒飲みだったらしいと順平は言う。このあたりは鍵澤正男と違っていた。

三代目たちが語る父親像はどうだろうか。堂島の二代目・鍵澤正は、若いころ彼の叔父にあたる時宗の経営する南サンボアで修業したことはすでに述べた。それに比べ、北サンボアの二代目はいわゆる「他人の飯」を食ったことがない。この辺りで二代目の考え方、三代目に与える印象、影響が違ってくる。

鍵澤正は関西学院大学に通っていたころアイスホッケー部に属しており、近くのアサヒ・アリーナ（現在の朝日新聞社のあたり）での練習の後、部員たちと大勢で店に来てそのまま二階で寝て、翌日学校に通っていたそうだ。

とにかくお洒落な人であった。そのことは私も覚えている。正の亡くなった後、大量のスーツやジャケット、靴に至るまで、数寄屋橋サンボアの津田敦史が遺品として分けてもらったようだ。すると津田は突如お洒落になった。秀都の言葉を借りると、「親父は時さんとはうまが合った」ようである。正の性格は父・正男より叔父である時宗のほうに近いものがあった。そもそもそれが正の性格だったのか、それとも修業時代に時宗の影響を強く受け、培われたものなのか。時宗に似て大らかな面もあるが、正男のような几帳面なところも併せ持っていたことは私の感じるところである。とにかく時さんが一番いい加減なのである。

お客さまに対する注文も、正男より緩やかで時宗に近かった。二代目・正は時宗ほど大雑把ではなく、正男ほど厳格でもない。さらに秀都は「親父は何にもしない」と言う。掃除のことである。すべて任せきりだったと言う。この点も祖父の正男とは違っていたようだ。すべて自分でしなければ気のすまない正男と、さっと秀都に丸投げして任せてしまう正。それが気に食わない秀都は父と喧嘩も多かった。「やめる」と言ったことも幾度もあったそうだ。すると正は「かめへんけど、わしが死んだら帰ってこい」と言ったそうだ。このいい加減さは時宗に

（左から）津田敦史、伊輿忠克、大竹順平。北サンボア開店 50 周年のカウンターで
（提供：サンボア・ザ・ヒルトンプラザ店）

そっくりな気がする。

平成十四（二〇〇二）年八月二十四日に鍵澤正は他界した。今思えば、と秀都の言葉が続く。仲は悪かったような気もするが、息子である自分に何でも任せてくれていた。何でも話せる父だった。しかし、自分の性格を父と比べてこう語る。祖父が亡くなった後、住まいであった店の奥と二階を改造してレストランにしてしまった父のように、いわゆる「イケイケ」ではなく、自分は「ここを守る」という考えしかない、と。三代目は堂島初代・正男に似ているのかもしれない。

大竹順平の話。父・司郎に言われた。自分は親父（金治郎）の教えを守る。お前も守れ。この点も、木屋町サンボアの中川清志・涼介の親子とよく似ている。

面白い話を聞いた。ひと昔前、日本のバーではライムの果実はなかなか手に入らず、その代用品としてライムシロップを使っていた。これはサンボアに限らず、ほとんどのバーがそうしていた。ライムの輸入が増え、街のバーでも高価ではあるが少しずつ生のライムを使うようになってきた。が、大竹金治郎はシロップを使っていたという理由で、司郎は頑なにシロップを使った。

しかし順平も頑固なところがあった。世間ではほとんどが生ライムを使う時代になっているので、こちらは頑なにそれを使った。一時期、北サンボアでは二通りのジンライムがあったそうだ。お客さまは好みで、司郎に頼んだり、順平に頼んだりしていたそうだが、とうとう軍配は順平に上がった。

また、「トイレ騒動」も起こった。平成二十二（二〇一〇）年一月、取り壊した店を新築したことはすでに述べたが、そのときのことである。「先代のころからのことは何も変えない」ということから、司郎はトイレは和式にこだわった。ところがさすがに猛反対に遭い、あえなく洋式になった。しかし恐ろしいこだわりである。

家族思いの父である、とも順平は言う。ただし「マイペースだが」という枕詞がつく。常に淡々として一定で、カウンターの中でも声を荒らげたことは一度もない。そんな父を順平は思いやる。師匠としてはカウンターに立っていてほしい。しかし父としては無理をせず、好きなことをしながら、ときどきカウンターに立ってもらえればいい、と。

よく似た境遇に生まれた二代目と、やはりよく似た境遇に生まれた三代目。木屋町の二代目・涼介と共にこれからのサンボアを支えてゆくだろう。心強く楽しみである。堂島サンボアの二代目の性格はどうやら私が継いだようである。それもそのはず、鍵澤正は同じ師を持つ遠い兄弟子なのだから。

エピローグ

まもなくサンボアは創業百周年を迎えます。日本のバーの中では稀有な存在といっていいでしょう。残念ながら創業の地、神戸・花隈にはもうサンボアの存在は見えませんが、大阪に八店、京都に三店、そして東京に三店、創業者の岡西繁一から直接暖簾を継いだ鍵澤、中川、大竹の三代目と、それぞれの店で修業した者たちがサンボアを生業としています。

サンボアを生業としていると私は考えています。バーをではなく、むろん飲食店を生業にしている、とも思っていません。私の職業はサンボアなのです。少ない資料と格闘しながら、個人的な推測と関係者のおぼろげな記憶を頼りにここまで稿を進めてきましたが、ではいったいサンボアとは何だろうかと。

それぞれの店に多くのお客さまがお越しになり、それぞれご贔屓のサンボアがあります。現在十四店のサンボアがあることは先に述べましたが、十四店それぞれみな違っています。当たり前です。バーはオーナーの考えが反映され、バーテンダーとお客さまが作り上げ、年月が磨きをかけるのですから、違って当然です。でもそこにはイデアとしての「サンボア」が存在すると私は確信しています。

私たちは私たちで思い思いの、それぞれ他店とは少し趣の違ったサンボアを経営していると思っていますが、

「ああ、京都とおんなじやなあ」

とか、

「ここは堂島がやってんねや（経営しているんだ）」

とかおっしゃる方を、銀座サンボアでよくお見かけします。あえてご説明はしませんが、心の中では、

「京都とも堂島とも全然違うねんけどなあ」

とつぶやいています。

しかし、お客さまそれぞれの中に、それぞれのサンボア像がある。それでいいと思っています。むしろそうあってほしいとも思っています。これこそがサンボアのアイデンティティーだと思っています。お客さまの中にもそれぞれのサンボアがあって、それぞれの思いもおありです。古くからあるサンボアも、新しくできたサンボアも、また五十年以上もの長きにわたり通ってくださっているお客さまにも、つい最近お馴染みになったお客さまの中にも確実にサン

ボアが存在します。
しかし、どこのサンボアに行っても、「あー、サンボアやな」と、誰もが思えるバーでありたいと私は考えていますし、お客さまからそうおっしゃっていただくことは、私にとって幸せなことです。そこには「サンボア」というひとつのイデア、すべてのサンボアに通底する「何か」があるのだと思います。
何度も繰り返しますが、本書で述べたことを私はサンボアの正史だとは考えていませんし、もちろん私がサンボアを代表して語っているわけでもありません。あまりにも資料が少なく、聞き伝えを紹介したものもあり、あくまで合理的な推測でしかないと思っています。むしろサンボアの歴史は、長年支えてくださったお客さまの心の中にこそあるのだとつくづく感じます。それこそがサンボアの正史であると言えるでしょう。

平成二十七（二〇一五）年八月十二日の朝日新聞に面白い記事が載っていました。ドナルド・キーン氏が谷崎潤一郎について書いたものです。

大阪の商家が没落していく過程を戦争直前の時代背景とともに描いた『細雪』は、第二次大戦中に雑誌掲載が始まった。内容が戦時にふさわしくないとして軍部に掲載を止められたことは、よく知られている。

「自分の知っている文化が、もしかして戦争によって失われるかもしれないと、谷崎先生は恐れていたのだと思う。なくなるかもしれないものを、書くことで永遠に残したい。そんな強い気持ちがあの作品につながったのではないかと、私は考えています」

この『細雪』に近い時代背景、また地理的背景の中で育まれたサンボア。この時代、サンボアは決して庶民的なものではなく、ごく一部の限られたブルジョワの間で支持されていました。それこそ『細雪』に登場するような大阪・船場の大店の商家の経営者や阪神間に居を構える資産家、ハイカラを好む貿易商、映画俳優や売れっ子の芸人たちに愛されてきました。

戦後しばらくの間、ウイスキーは高くサンボアはまだまだ一般のサラリーマンが日常的に楽しめるようなバーではなかったように思われます。時代が高度経済成長に差しかかるころ、ようやく現在のサンボアの形になってきたようです。すなわち、一般のサラリーマンが、週に何度かハイボールを楽しむためのバーに変わってきたのだと考えます。なかには、資産家と思しき方もお越しにはなりますが、ほとんどが、いわゆるサラリーマンです。

だからと言って、サンボア側からすると何も変わることなくお客さまに快適な空間を提供することこそが本懐だと信じています。私たちバーテンダーは、ご家庭とは違う非日常を楽しんでいただくことによってお代を頂戴しています。バーには非日常的な要素は必ずありますが、しかしながらサンボアに、週に何度も、あるいは毎日お越しになるお客さまもいらっしゃいます。そのお客さまにとってみれば、サンボアは日常なのです。お客さまの、非日常の日常的連続が今のサンボア、戦後のサンボアを構成してきたのです。そんなお客さまの心の中に、それぞれのサンボアの歴史が存在するのだと思います。

この原稿を書くチャンスを与えてくださり、忍耐強く脱稿を待ってくださった白水社編集部の金子ちひろさんと元白水社の和気元さんに感謝します。サンボアを支えてくださる多くのお客さまに感謝します。それぞれのサンボアを築き上げた先達に感謝します。しつこい取材に辛抱強く付き合ってくださった大竹司郎さん、中川歡子さん、奥田俊一さん、熊谷通禧さん、中川清志さん、尾田和男さん、鍵澤和子さん、中川宏さん、鍵澤秀都さん、大竹順平さん、伊與《いよ》忠克さん、田仲一彦さん、津田敦史さん、中川涼介さんに感謝します。そして本書を亡き師、鍵澤時宗に捧げます。

「伝統とは、起源の忘却である」と、ドイツの哲学者フッサールが言います。伝統に執着することで、起源を忘れることなく、常に創業の精神を心にとどめること、アヴァンギャルドの連続こそが将来の伝統となってゆくのであると強く信じています。サンボア創業から百年を迎えようとしている今だからこそ、その創業者、先代たちの努力に頼り、その歴史にすがることなく、「起源の忘却」に陥ることなく、またサンボアのイデアを見失うことなく、さらに新しいことにも臆することなく一歩ずつ。サンボアの歩みは実にゆっくりかもしれませんが、私たちはさらにこの先の百年を目指していこうと思います。

次の百年に向かってのステージは整いました。主役の皆様方の登場をお待ちいたしております。

新谷尚人

二〇一七年十二月

サンボア主要人物一覧

岡西繁一《しげいち》　サンボアの創業者。出生年月日不詳。生誕地は広島県三好市あたりか。大正七（一九一八）年、神戸・花隈（実際は北長狭通）に前身となる岡西ミルクホールを創業。同十二（一九二三）年、サンボアと改称。大阪・北浜、京都・蛸薬師（?·）、神戸・三宮、大阪・中之島に次々と出店するがいずれも長続きせず、後進に委ねる。戦後、大阪・梅田にオールドサンボアと称し復興するが、これもまもなく閉店。昭和二十八（一九五三）年、神戸朝日会館にそば処一茶亭を開業。のちに内川美佐子に譲り、平成二（一九九〇）年、ビルの建て替えとともに閉店。繁三、芳伸とも名乗る。昭和三十四（一九五九）年七月二日没。

泉常吉《つねきち》　出生年月日不詳。食品問屋エーカーメロン商会に籍を置いていたが、大正十四（一九二五）年、岡西繁一が大阪・北浜にサンボアを出店した際、神戸・花隈のサンボアを託される。のちに北浜サンボアも実質上経営することになる。三宮店は岡西との共同経営。昭和十二（一九三七）年七月二十二日、北浜からタクシーで神戸に帰る途中で交通事故により死亡。

中川護録《ごろく》　京都サンボアの創業者。明治三十三（一九〇〇）年一月、現在の広島県安芸高田市に生まれる。大正四（一九一五）年、福岡の鶴原薬局に奉公に出る。同十（一九二一）年、神戸の不二屋食料店に就職。同十五（一九二六）年、洋酒食料品店中川商店を開業するが一年あまりで廃業。その後、大阪・北浜のサンボアを経て京都サンボアを創業。昭和五十七（一九八二）年七月十七日没。

大竹金治郎　北サンボアの創業者。明治三十六（一九〇三）年三月、愛知県豊橋市に生まれる。酒類を輸入していた商社アデモースに勤め、大阪・北浜のサンボアに出入りしていたが、昭和十二（一九三七）年十月、泉に代わり、北浜の店を引き継ぐ。戦時中に家屋疎開に遭った北浜サンボアを、同二十一（一九四六）年十二月、大阪・お初天神脇に北サンボアとして再興。同四十八（一九七三）年十月十六日没。

鍵澤正男　堂島サンボアの創業者。明治四十四（一九一一）年十一月、現在の石川県白山市に生まれる。大正九（一九二〇）年、家族とともに神戸に移り住む。同十一（一九二二）年、岡西繁一と知り合う。同十五（一九二六）年、北浜のサンボアに奉公に入る。昭和九（一九三四）年、中之島のサンボアを買い取り、移転を重ねたのち現在の堂島サンボアとなる。同六十（一九八五）年九月三日没。

鍵澤時宗　大正五（一九一六）年三月生まれ。正男の実弟。理髪店に奉行していたが、正男の出征中、大阪・中之島のサンボアで兄の不在を守る。戦後、昭和二十六（一九五一）年十一月、大阪ミナミに南サンボアを創業。同六十一（一九八六）年九月、大阪・梅田にサンボア・ザ・ヒルトンプラザ店を開業。平成二（一九九〇）年八月二日没。

中川英一《ひでかず》　昭和三（一九二八）年七月、中川護録の長男として生まれる。同五十一（一九七六）年七月、父の跡を継ぎ、京都サンボアの二代目となる。平成五（一九九三）年十月二十二日没。

中川志朗　昭和九（一九三四）年四月、中川護録の四男として生まれる。同二十七（一九五二）年、京都サンボアに入店、父のもとで修行する。同三十七（一九六二）年、浅見よし子（のちの歓子《よしこ》）と結婚。同四十七（一九七二）年七月二十八日、祇園サンボア創業を果たすも、同五十一（一九七六）年二月二十五日急逝。

中川歓子　祇園サンボアの創業者・中川志朗の妻。昭和五十一（一九七六）年、夫亡き後、祇園サンボアの二代目となる。お茶屋「も里多《りた》」も経営。息子立美。

鍵澤正　昭和十（一九三五）年四月、鍵澤正男の長男として生まれる。同三十年代、叔父である時宗の南サンボアで修行。同六十（一九八五）年、父の跡を継ぎ、堂島サンボアの二代目となる。平成十四（二〇〇二）年八月二十四日没。

大竹司郎　昭和十（一九三五）年三月、大竹金治郎の長男として生まれる。鍵澤正とは同い年。大学卒業後、すぐに北サンボアに入るが、同三十四（一九五九）年、父・金治郎が脳溢血で倒れ、二十四歳の若さで北サンボアの二代目となる。息子順平。

奥田俊一　昭和十二（一九三七）年十月生まれ。同三十二（一九五七）年、堂島サンボアに入店。鍵澤正男のもとで修行。同三十九（一九六四）年十月、大阪キタにサントリーバーおくだを開業。

尾田和男　昭和十六（一九四一）年三月生まれ。同三十九（一九六四）年、堂島サンボアに入店。伯父である鍵澤正男のもとで修行。同五十（一九七五）年一月十三日、大阪・島之内にジュニア・サンボアを開業。のちに島之内サンボアと改称。

熊谷通禧《みちよし》　昭和十八（一九四三）年十二月、現在の北九州市八幡生まれ。同四十一（一九六六）年、北サンボアに入店。同五十一（一九七六）年二月、曾根崎サンボアを開業するが、同六十（一九八五）年、ビル火災により焼失。同六十二（一九八七）年二月、大阪・梅田に梅田サンボアを開業（翌年、現在の場所に移転）。

中川清志　昭和十九（一九四四）年六月、中川護録の七男として生まれる。同四十（一九六五）年から九年間、京都サンボアのカウンターに立つ。同四十九（一九七四）年、祇園・富永町で「スナックなか川」を経営。平成二（一九九〇）年十月十六日、京都・西木屋町に木屋町サンボアを開業。息子涼介。

中川宏　昭和三十一（一九五六）年十二月、中川英一の長男として生まれる。同四十九（一九七四）年、京都ロイヤルホテルを経て、同五十一（一九七六）年一月に京都サンボアに入店。四月、東京に修業に出る。同五十三（一九七八）年より、再び京都サンボアのカウンターに立つ。平成五（一九九三）年十月、父の跡を継ぎ、祖父・中川護録の創業した京都サンボアの三代目となる。

中川立美　昭和三十七（一九六二）年十二月、中川志朗、歡子の長男として生まれる。大学卒業後、数年間アルバイトで飲食業に従事した後、東京・新橋の老舗トニーズバーに入店。一年後の平成二（一九九〇）年、祇園サンボアを継ぐべく京都に戻る。同二十八（二〇一六）年一月十三日没。

鍵澤秀都《ひでと》　昭和四十二（一九六七）年六月、鍵澤正の長男として生まれる。平成二（一九九〇）年、大学卒業後の六月に堂島サンボアに入店。同十四（二〇〇二）年八月、父の跡を継ぎ、祖父・正男の創業した堂島サンボアの三代目となる。

大竹順平　昭和四十三（一九六八）年十一月、大竹司郎の長男として生まれる。平成四（一九九二）年に大学卒業後、アパレル企業勤務を経て、同七（一九九五）年八月、北サンボアに入店。父とともに祖父・金治郎の創業した北サンボア（俗称「お初天神サンボア」）の暖簾を守る。

菊川康子　鍵澤時宗の長女。平成二（一九九〇）年、父の没後、サンボア・ザ・ヒルトンプラザ店を継承。

鍵澤和子　鍵澤時宗の次女。平成二（一九九〇）年、父の没後、南サンボアを継承、二代目となる。

田中一彦　昭和四十八（一九七三）年九月生まれ。平成十五（二〇〇三）年七月、北新地サンボアに入店。同二十五（二〇一三）年八月、大阪・天神橋に妻あゆみと天神橋サンボアを開業。

津田敦史　昭和五十三（一九七八）年十一月生まれ。平成十（一九九八）年十一月、サンボア・ザ・ヒルトンプラザ店を経て、同十二（二〇〇〇）年十月、堂島サンボアに入店。生涯の師、鍵澤正と出会う。同二十一（二〇〇九）年二月、銀座サンボアに移り、同二十二（二〇一〇）年十月、数寄屋橋サンボアを開業。

中川涼介　平成元（一九八九）年三月、中川護録の七男・清志の長男として生まれる。大学卒業後、伊勢丹に勤める。大学時代から店を手伝っていたが、父が体調を崩したのを機に入店を決意。現在、父とともに木屋町サンボアのカウンターに立つ。

サンボア年表

明治三十三（一九〇〇）年　一月一日、中川護録、現在の広島県安芸高田市に生まれる。

明治三十六（一九〇三）年　三月六日、大竹金治郎、愛知県豊橋市に生まれる。

明治四十四（一九一一）年　十一月十八日、鍵澤正男、現在の石川県白山市に生まれる。

大正四（一九一五）年　中川護録（十五歳）、福岡の鶴原薬局に丁稚奉公に出る。

大正五（一九一六）年　三月二十四日、鍵澤時宗、正男の弟として生まれる。

大正七（一九一八）年　岡西繁一、神戸市北長狭通六丁目に岡西ミルクホールを開業。

大正九（一九二〇）年　鍵澤正男（九歳）、家族とともに神戸に移り住む。

大正十（一九二一）年　中川護録（二十一歳）、神戸・不二家食料店に就職。

大正十一（一九二二）年　鍵澤正男（十一歳）、鳴尾ゴルフ倶楽部のクラブハウスで働き始める。このとき、岡西繁一と出会う。

大正十二（一九二三）年　岡西繁一、岡西ミルクホールをサンボアと改称。九月一日、関東大震災。

谷崎潤一郎、神戸に移り住む。

大正十四（一九二五）**年**　十二月十七日、岡西繁一、神戸・花隈のサンボアを泉常吉に託し、大阪・北浜にサンボア出店。藤井利一が入店。岡西、京都・蛸薬師にも出店か。

大正十五（一九二六）**年**　三月二十六日、鍵澤正男（十五歳）、北浜サンボアに入店。中川護録、洋酒食料品店中川商店を開業するが一年あまりで廃業。

昭和三（一九二八）**年**　京都サンボア（京都・蛸薬師）が中川護録の経営に移る。七月、長男・英一誕生。

昭和七（一九三二）**年**　四月、鍵澤正男（二十歳）、大阪輜重兵に入隊（五月、満期除隊）。岡西繁一、大阪・中之島にサンボアを出店。

昭和八（一九三三）**年**　十二月、一度はサンボアを出た鍵澤正男が泉常吉に呼び戻される。同月二十二日、岡西繁一、三宮にサンボアを出店。岡西と泉の共同経営。正男が店の切り盛りを任される。

昭和九（一九三四）**年**　神戸証券取引所（のちの神戸朝日会館）が建てられる。四月、中川護録の四男・志朗誕生。十二月九日、鍵澤正男、中之島サンボアを買い取る。同時に三宮サンボアを廃業。

昭和十（一九三五）**年**　三月、大竹金治郎の長男・司郎誕生。四月、鍵澤正男の長男・正誕生。

昭和十一（一九三六）**年**　七月、阪神電鉄による土地買収のために中之島サンボアが立ち退くことになる。同月二十四日、鍵澤正男、堂島に店を移転。堂島サンボア創業。

昭和十二（一九三七）**年**　七月十七日、鍵澤正男、日中戦争に出兵（昭和十六年二月除隊）。正男の弟、時宗が留守を守る。同月二十二日、泉常吉、北浜からタクシーで神戸に帰る途中で交通事故により死亡。十月、奥田俊一誕生。同月、商社アデモースに勤めていた大竹金治郎が北浜サンボアを引き継ぐ。

昭和十三（一九三八）**年**　一月、鍵澤正男、戦地で泉常吉の死を知る。洋酒の輸入が止まる。

昭和十五（一九四〇）**年**　三月、浅見よし子（のちの中川歡子）誕生。

昭和十六（一九四一）**年**　三月、尾田和男誕生。

昭和十八（一九四三）**年**　堂島サンボア、家屋疎開により取り壊される。十二月、熊谷通禧、現在の北九州市八幡に生まれる。

昭和十九（一九四四）**年**　六月、中川護録の七男・清志誕生。

昭和二十（一九四五）**年**　八月五日、京都サンボア、家屋疎開により蛸薬師の店を取り壊される。同月十五日、終戦。京都サンボア、現在の寺町三条下ルに移転し、営業再開。

昭和二十一（一九四六）**年**　十二月、大竹金治郎、戦時中に家屋疎開に遭った北浜サンボアを大阪・北区曾根崎に北サンボアとして再興。藤井利一、新地サンボアを開業。

昭和二十二（一九四七）**年**　五月二十四日、鍵澤正男、大阪・北区堂島に堂島サンボアを再興。

昭和二十四（一九四九）**年**　鍵澤時宗、大阪ミナミのフミヤでチーフバーテンダーとして働く。新地サンボア閉店。

昭和二十六（一九五一）**年**　十一月三日、鍵澤時宗、大阪・南区久左衛門町に南サンボアを開業。

昭和二十七（一九五二）**年**　中川志朗、京都サンボアに入店。岡西繁一、大阪駅前の第一生命ビル内にオールドサンボアを開業。岡西の勧めで、中川護録が神戸サンボアを神戸朝日会館内に再興。

昭和二十八（一九五三）**年**　岡西繁一、神戸朝日会館にそば処一茶亭を開業。七月二十二日、京都サンボアが新築開店、現在に至る。

昭和二十九（一九五四）**年**　九月八日、オールドサンボア閉店。神戸サンボアが京都の中川護録から鍵澤時宗の経営に変わる。のちにコウベハイボールと改称。

昭和三十（一九五五）**年**　鍵澤時宗、コウベハイボールを河村親一に譲る。

昭和三十一（一九五六）**年**　十二月、中川英一の長男・宏誕生。

昭和三十二（一九五七）**年**　大竹司郎、北サンボアに入店。奥田俊一、堂島サンボアに入店。

昭和三十四（一九五九）**年**　七月二日、岡西繁一没。大竹金治郎、脳溢血で倒れる。二十四歳の長男・司郎が跡を継ぐ。

昭和三十五（一九六〇）**年**　九月十五日、大阪・南区畳屋町（現在の西心斎橋）に南サンボアが移転。

昭和三十六（一九六一）**年**　十二月、新谷尚人誕生。

昭和三十七（一九六二）**年**　三月、中川志朗、浅見よし子と結婚。十二月、長男・立美誕生。

昭和三十九（一九六四）**年**　尾田和男、堂島サンボアに入店。十月、奥田俊一、サントリーバーおくだを開業。

昭和四十一（一九六六）**年**　熊谷通禧、北サンボアに入店。

昭和四十二（一九六七）**年**　六月、鍵澤正の長男・秀都誕生。

昭和四十三（一九六八）**年**　十一月、大竹司郎の長男・順平誕生。

昭和四十七（一九七二）**年**　七月二十八日、中川志朗、祇園サンボアを開業。妻よし子もカウンターに立つ。十月十六日、大竹金治郎没（享年七十歳）。

昭和四十八（一九七三）年　九月、田仲一彦誕生。

昭和五十（一九七五）年　一月十三日、尾田和男、大阪・島之内三丁目（現在の東心斎橋）にジュニア・サンボアを開業。のちに島之内サンボアと改称。

昭和五十一（一九七六）年　一月、中川宏、京都サンボアに入店。二月二十五日、中川志朗急逝（享年四十二歳）。妻よし子改め歡子が跡を継ぐことを決心。同月、熊谷通禧、大阪・曾根崎新地に曾根崎サンボアを開業。七月、中川英一、父の跡を継ぎ、京都サンボアの二代目となる。

昭和五十三（一九七八）年　十一月、津田敦史誕生。中川宏、東京での修業を経て、再び京都サンボアのカウンターに立つ。

昭和五十五（一九八〇）年　南サンボアが改築、現在のサンボアビルになる。

昭和五十七（一九八二）年　七月十七日、中川護録没（享年八十二歳）。

昭和五十八（一九八三）年　新谷尚人、南サンボアにアルバイトとして入店。

昭和六十（一九八五）年　曾根崎サンボア、ビル火災により焼失。六月、熊谷通禧、居酒屋「久真《くま》」を開業。九月三日、鍵澤正男没（享年七十四歳）。

昭和六十一（一九八六）年　九月、鍵澤時宗、大阪・梅田にサンボア・ザ・ヒルトンプラザ店を開業。新谷も夜はここで働く。

昭和六十二（一九八七）年　熊谷通禧、大阪・新梅田食道街に梅田サンボアを開業（翌年、現在の場所に移転）。

平成元（一九八九）**年**　三月、中川清志の長男・涼介誕生。

平成二（一九九〇）**年**　一月、中川立美、祇園サンボアに入店。三月、神戸朝日会館が閉館、その後解体。それに伴い、コウベハイボールも閉店。六月、鍵澤秀都、堂島サンボアに入店。八月二日、鍵澤時宗没（享年七十四歳）。時宗の長女、菊川康子がサンボア・ザ・ヒルトンプラザ店を、次女・鍵澤和子が南サンボアを継ぐ（菊川康子は経営のみ）。十月十六日、中川護録の七男・清志、京都・西木屋町に木屋町サンボアを開業。

平成五（一九九三）**年**　十月二十二日、中川英一没（享年六十五歳）。中川宏、父の跡を継ぎ、京都サンボアの三代目となる。

平成六（一九九四）**年**　十月、新谷、大阪・北新地に北新地サンボアを開業。

平成七（一九九五）**年**　八月、大竹司郎の長男・順平、北サンボアに入店。

平成十（一九九八）**年**　十一月、津田敦史、サンボア・ザ・ヒルトンプラザ店に入店。

平成十二（二〇〇〇）**年**　十月、津田敦史、堂島サンボアに入店。

平成十四（二〇〇二）**年**　八月二十四日、鍵澤正没（享年六十七歳）。鍵澤秀都、父の跡を継ぎ、堂島サンボアの三代目となる。

平成十五（二〇〇三）**年**　七月、田仲一彦、北新地サンボアに入店。同月、新谷、東京・銀座に銀座サンボアを開業。

平成二十一（二〇〇九）**年**　二月、津田敦史、銀座サンボアに入店。

平成二十二（二〇一〇）**年**　五月、同年一月から続いた改築工事終了とともに、北サンボアが営業再開。

十月、津田敦史、東京・銀座に数寄屋橋サンボアを開業。

平成二十三（二〇一一）**年**　二月、新谷、東京・浅草に浅草サンボアを開業。

平成二十五（二〇一三）**年**　八月、田仲一彦、大阪・天神橋に天神橋サンボアを開業。

平成二十八（二〇一六）**年**　一月十三日、中川立美没（享年五十三歳）。

平成三十（二〇一八）**年**　二月、京都を皮切りに大阪、東京でサンボア創業百周年のパーティーが開催される。

サンボア各店案内（2017年12月現在。営業時間は変更となる場合があります）

［大阪］

堂島サンボア

大阪市北区堂島 1-5-40　☎ 06-6341-5368

営業時間：17:00 ～ 23:30　土曜 16:00 ～ 22:00

定休日：日曜・祝日

スタンディングカウンター 10 名程度、椅子 14 脚

JR「北新地駅」より徒歩 2 分、大阪市営地下鉄「西梅田駅」より徒歩 6 分

北サンボア洋酒店

大阪市北区曽根崎 2-2-12　☎ 06-6311-3645

営業時間：17:00 ～ 23:00

定休日：日曜・祝日・第 2 土曜

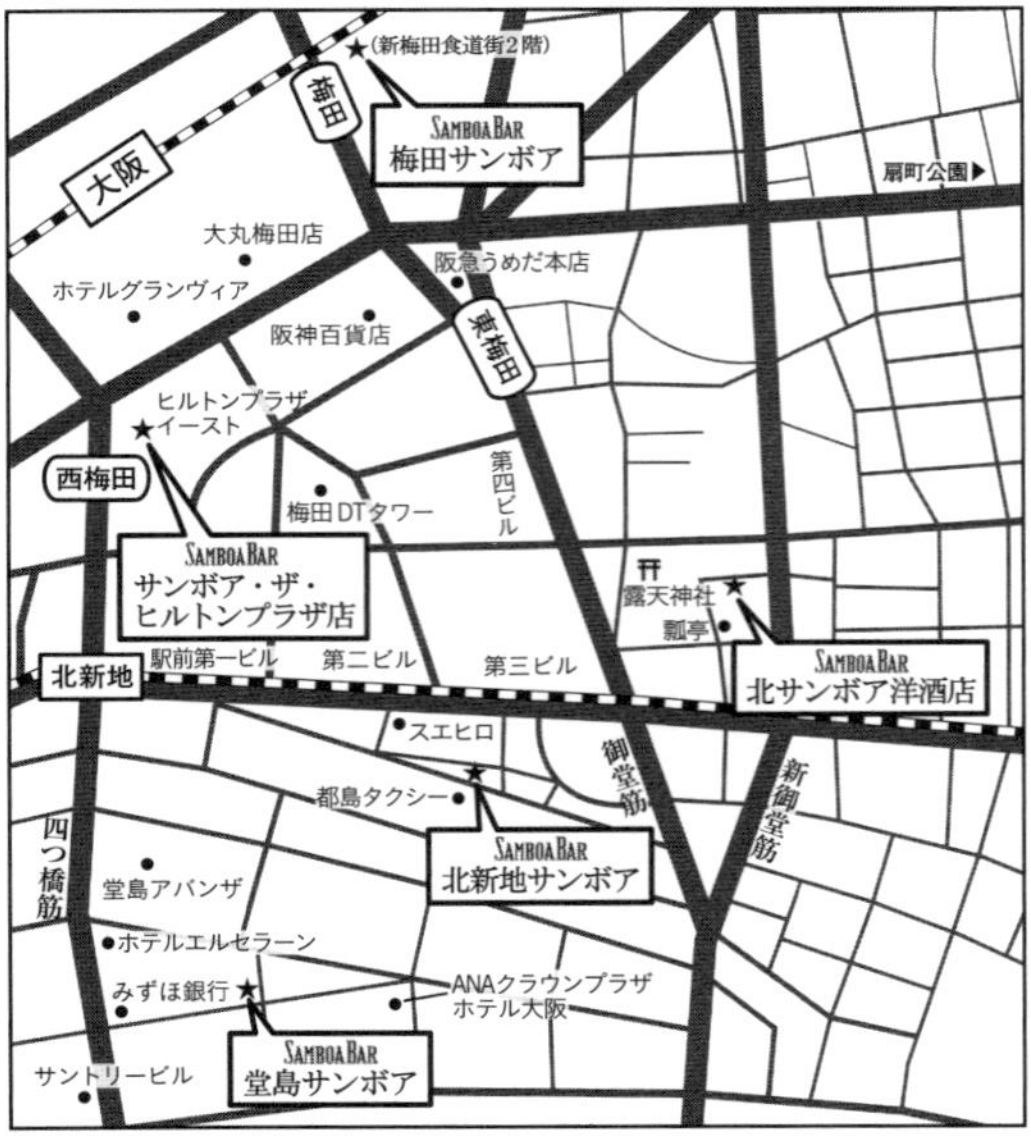

スタンディングカウンター 13 名程度、椅子 6 脚
大阪市営地下鉄「東梅田駅」より徒歩 2 分、各線「梅田駅」より徒歩 10 分

南サンボア洋酒店
大阪市中央区心斎橋筋 2-1-10　☎ 06-6211-0215
営業時間：17:00 〜 23:00
定休日：日曜・祝日
カウンター 14 席、テーブル 6 席
大阪市営地下鉄「心斎橋駅」より徒歩 5 分

島之内サンボア
大阪市中央区東心斎橋 1-6-23 清水町会館 1 階　☎ 06-6241-9513
営業時間：16:00 〜 22:00（ラストオーダー 21:30）
定休日：日曜・月曜・祝日
カウンター 11 席
大阪市営地下鉄「長堀橋駅」より徒歩 3 分、「心斎橋駅」より徒歩 5 分

梅田サンボア
大阪市北区角田町 9-26 新梅田食道街 2 階　☎ 06-6312-8987
営業時間：17:00 〜 23:00　土曜 15:00 〜 20:30

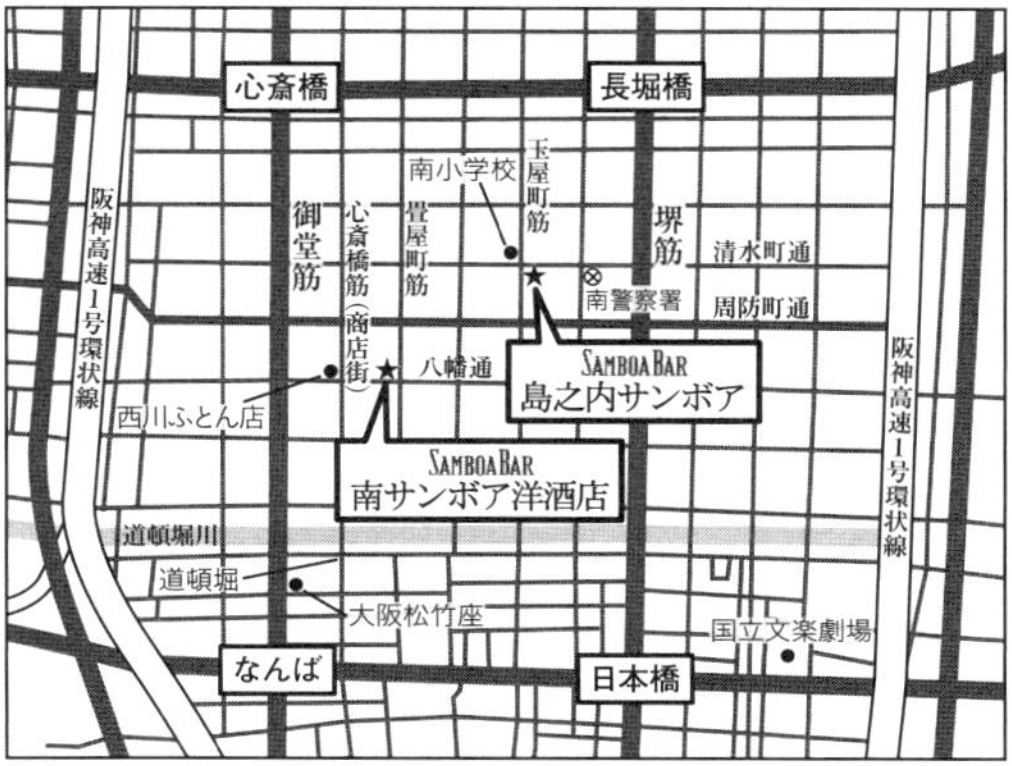

定休日：日曜・祝日
スタンディングカウンター 10 名程度、テーブル 6 名程度
阪急「梅田駅」より徒歩 1 分

サンボア・ザ・ヒルトンプラザ店
大阪市北区梅田 1-8-16 ヒルトンプラザ地下 2 階　☎06-6347-7417
営業時間：11:00 ～ 23:00
定休日：なし
カウンター 12 席、テーブル 20 席
JR「大阪駅」、各線「梅田駅」より徒歩 5 分、大阪市営地下鉄「西梅田駅」より徒歩 2 分

北新地サンボア
大阪市北区曾根崎新地 1-9-25　☎ 06-6344-5945
営業時間：15:00 ～ 24:00　祝 15:00 ～ 22:00
定休日：日曜
スタンディングカウンター 10 名程度、テーブル 16 席（個室あり）
JR「北新地駅」より徒歩 5 分

天神橋サンボア
大阪市北区天神橋 3-8-3
☎ 06-6360-4212
営業時間：16:00 ～ 23:00
定休日：火曜
スタンディングカウンター 10名程度、テーブル 6 席、ボックス席 6 名
大阪市営地下鉄「扇町駅」より徒歩 2 分、JR「天満駅」より徒歩 5 分

[京都]
京都サンボア
京都市中京区寺町通三条下ル桜之町 406　☎ 075-221-2811

営業時間：18:00 ～ 24:00
定休日：火曜、第 2 水曜
カウンター 11 席
京都市営地下鉄「京都市役所駅前」より徒歩 5 分、阪急「河原町駅」より徒歩 6 分、京阪「三条駅」より徒歩 6 分

祇園サンボア
京都市東山区祇園町南側 570-186　☎ 075-541-7509
営業時間：18:00 ～翌 1:00
定休日：月曜
カウンター 13 席、テーブル 8 席
京阪「祇園四条駅」より徒歩 5 分、阪急「河原町駅」より徒歩 8 分

木屋町サンボア
京都市中京区西木屋町通四条上ル紙屋町 367　☎ 075-222-2389
営業時間：17:00 ～24:00
定休日：月曜
カウンター9 席、テーブル 6 席
阪急「河原町駅」より徒歩 2 分、京阪「祇園四条駅」より徒歩 5 分

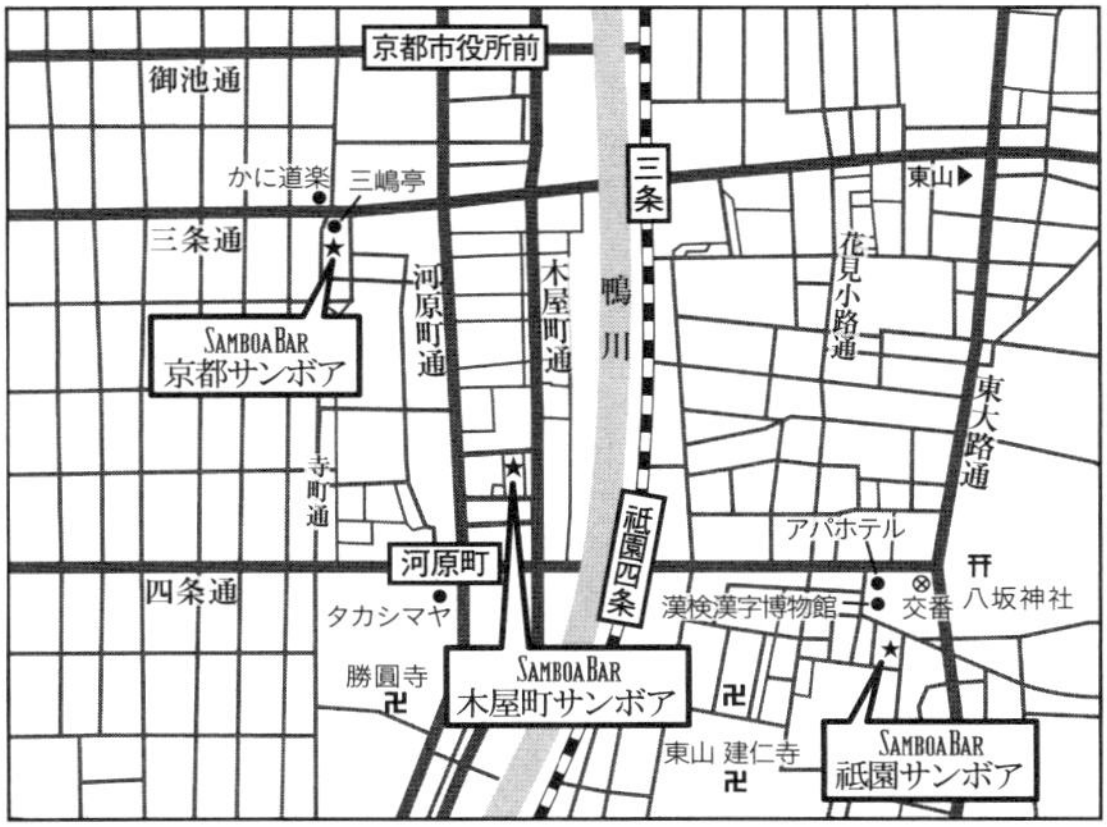

［東京］

銀座サンボア

中央区銀座 5-4-7 銀座サワモトビル地下 1 階　☎ 03-5568-6155
営業時間：15:00 〜 24:00　日・祝 15:00 〜 22:00
定休日：なし
スタンディングカウンター 10 名程度、テーブル 10 席
東京メトロ「銀座駅」より徒歩 1 分、JR「有楽町駅」より徒歩 6 分

数寄屋橋サンボア

中央区銀座 7-3-16
☎ 03-3572-5466
営業時間：17:00 〜翌 2:00
土曜 16:00 〜 23:00
定休日：日曜・祝日
スタンディングカウンター 7 名程度、テーブル 6 席
JR ほか「新橋駅」、東京メトロ「銀座駅」より各徒歩 5 分

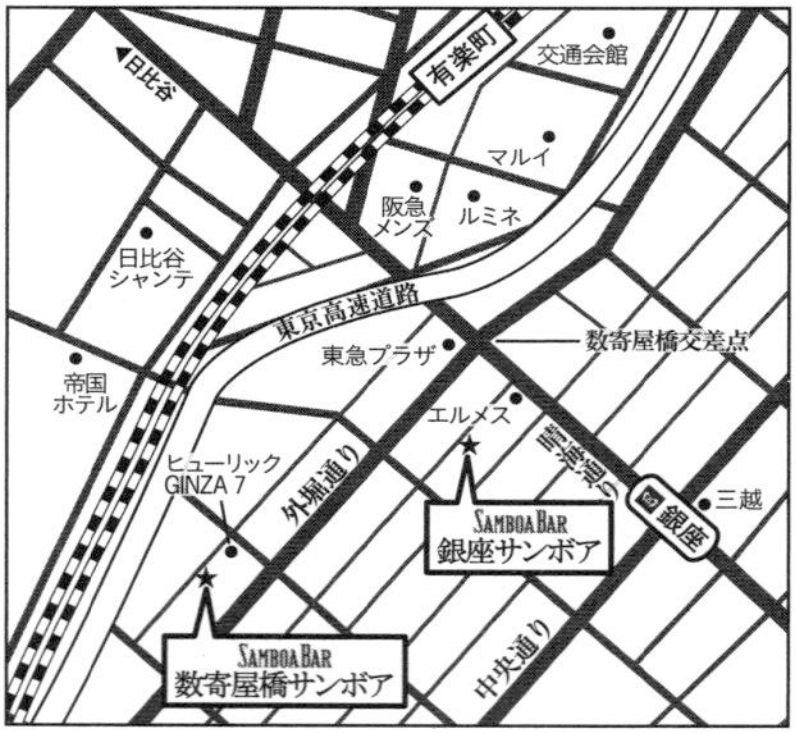

浅草サンボア

台東区浅草 1-16-8
☎ 03-6231-7994
営業時間：14:00 〜 23:00
定休日：水曜
スタンディングカウンター 8 名程度、テーブル 10 席
東京メトロ・都営浅草線「浅草駅」、東京メトロ「田原町駅」より各徒歩 5 分

サンボア系図

店名の下の年号は創業年
人名の下の年号は生年／没年

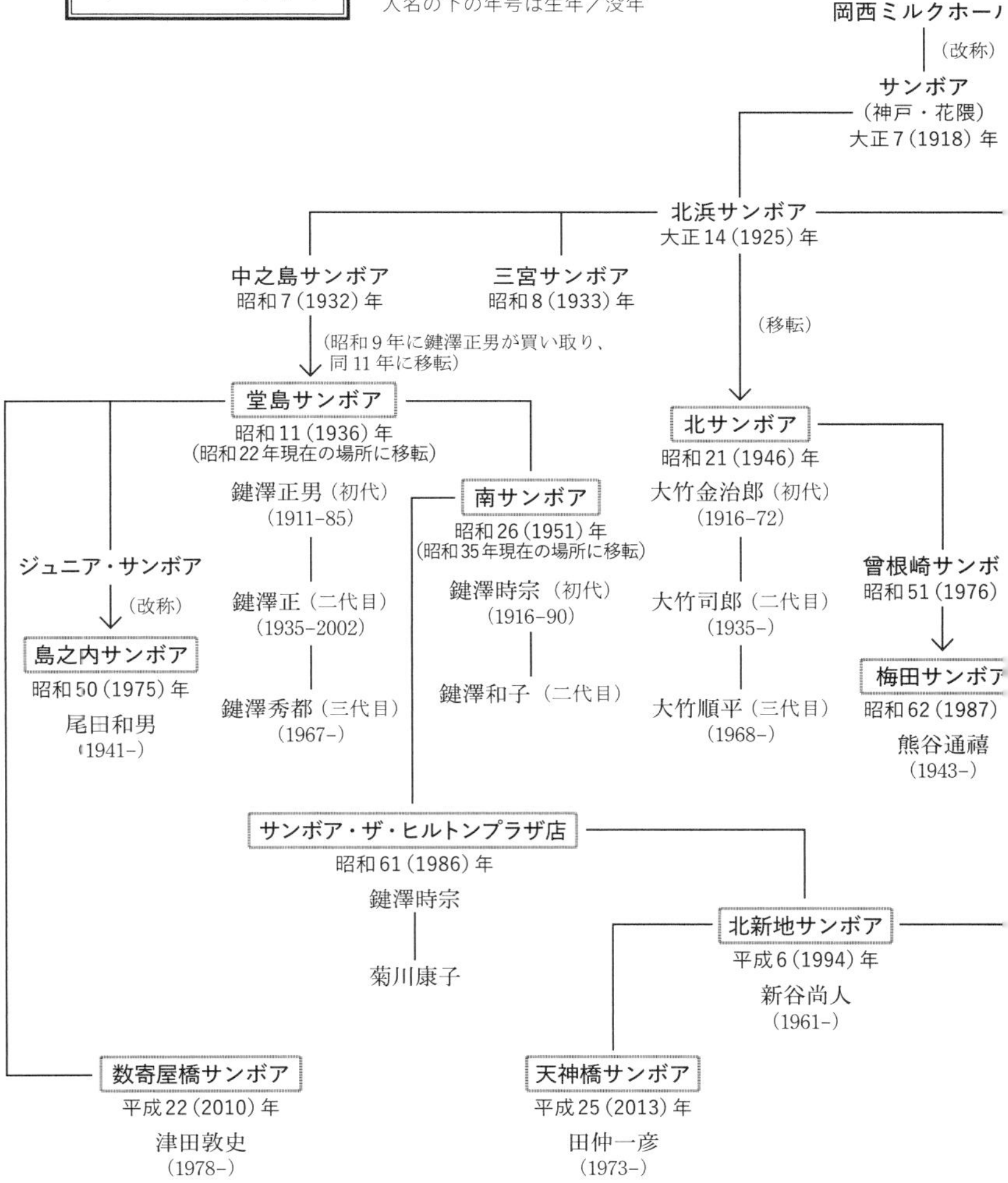

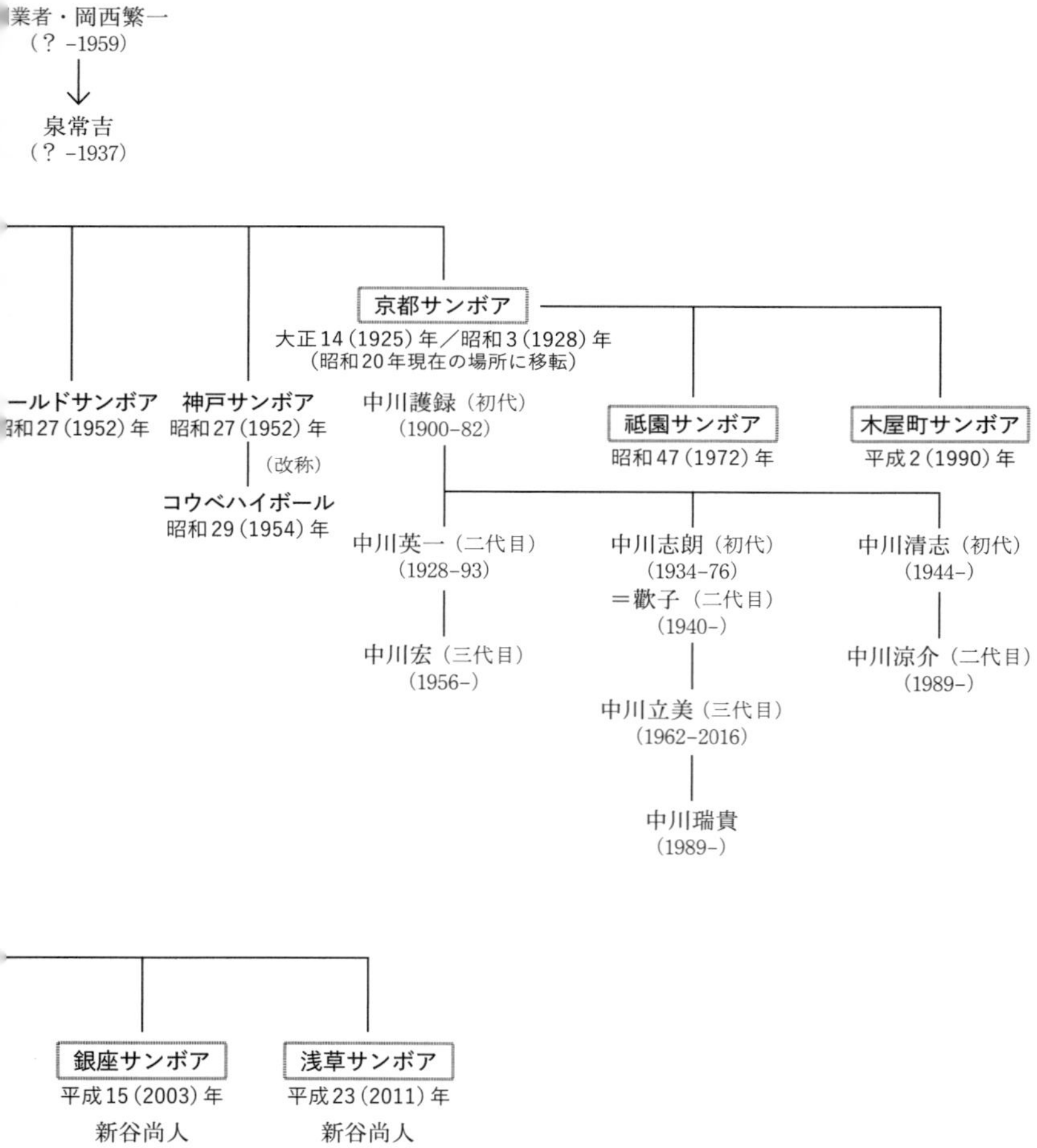
業者・岡西繁一
（？ -1959）
泉常吉
（？ -1937）
ールドサンボア
昭和27（1952）年
神戸サンボア
昭和27（1952）年
（改称）
コウベハイボール
昭和29（1954）年
京都サンボア
大正14（1925）年／昭和3（1928）年
（昭和20年現在の場所に移転）
中川護録（初代）
（1900-82）
中川英一（二代目）
（1928-93）
中川宏（三代目）
（1956-）
祇園サンボア
昭和47（1972）年
中川志朗（初代）
（1934-76）
＝歡子（二代目）
（1940-）
中川立美（三代目）
（1962-2016）
中川瑞貴
（1989-）
木屋町サンボア
平成2（1990）年
中川清志（初代）
（1944-）
中川涼介（二代目）
（1989-）
銀座サンボア
平成15（2003）年
新谷尚人
浅草サンボア
平成23（2011）年
新谷尚人

著者略歴

一九六一年大阪生まれ。関西大学在学中、八三年にアルバイトとして「南サンボア」に入店。大学卒業後、高校の英語科の講師として教壇に立つかたわら、八六年、「サンボア・ザ・ヒルトンプラザ店」の開業と同時に入店。九四年独立を果たし、「北新地サンボア」を開業。二〇〇三年「銀座サンボア」を開業。二〇一一年「浅草サンボア」を開業し、現在に至る。

バー「サンボア」の百年

二〇一七年一二月 五日 印刷
二〇一七年一二月二五日 発行

著　者　新《しん》谷《たに》尚《なお》人《と》
発行者　及川直志
印刷所　株式会社三陽社
発行所　株式会社白水社

東京都千代田区神田小川町三の二四
電話 営業部〇三（三二九一）七八一一
　　 編集部〇三（三二九一）七八二一
振替 〇〇一九〇-五-三三二二八
郵便番号 一〇一-〇〇五二
http://www.hakusuisha.co.jp

乱丁・落丁本は、送料小社負担にてお取り替えいたします。

誠製本株式会社

ISBN978-4-560-09589-8

Printed in Japan

白水社の本

山の上ホテル物語

常盤新平 著

多くの作家に愛され、数々の名作を生み出す影の力となったすてきなホテルのすてきな物語。創業者をはじめ支配人たちが語る作家たちの素顔を通して、五十年にわたる文壇の一面を描く。

解説＝坪内祐三【白水Uブックス】

荷風と私の銀座百年

永井永光 著

銀座の名門バー「偏喜舘」の店主が、養父永井荷風との微妙な親子関係を引きずりつつも、それぞれがこよなく愛する街の変遷を描いた親子二代の風物詩。荷風お気に入りの店を詳述。

ウイスキー・ドリーム

アイラ島のシングルモルトに賭けた男たち

スチュアート・リヴァンス 著

北代美和子 訳

スコッチウイスキーの聖地アイラ島、閉鎖の憂き目に合ったシングルモルトの名門蒸留所ブルイックラディ。カリスマ蒸留酒造家ジム・マキュワンほか、その再生に賭けた男たちのドラマ。

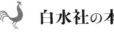